おたより・連絡帳文例 126付き

0~6歳 よくわかる 子どもの発達と保育の本

監修 磯村陸子

池田書店

はじめに

　一人ひとりの「発達に応じて」「発達を見通して」──よく耳にする言葉で、保育所保育指針などにも繰り返し登場するフレーズです。一方で、個人差も大きい乳幼児期、目の前の子どもの姿のどんなところに注目して、どう援助することが「発達を見通した援助」になるのか、特にまだそれほど経験を積んでいない若い先生にとって、そんなに簡単なことではないだろうと思います。月齢・年齢ごとの一般的な発達のようすをめやすとして知っておくことは、やはり大きな助けになります。

　なにより、発達についての理解は、子どもをみる目を豊かにし、子ども達と過ごす時間を楽しくしてくれるものだと思います。「こんなことができるようになった！」「今、こうしようとしているのかな？」──発達の視点が全てではありませんが、いろいろなことに気づき、さまざまな可能性を思い浮かべられることで、保育はもっと楽しくなります。

　本書を執筆した4名は、みな保育者養成に関わっています。保育園など保育の現場で働く卒業生が、日々の保育の中でふと疑問に思ったとき、ちょっと確認したいとき、そんなときに気軽に手に取って見られるような本に、という思いで作りました。辞書のように、長く手元にあって活用してもらえる、そんな本になればいいなと思います。

　最後に、本書の執筆にあたり、複数の園に取材や写真提供等でご協力いただきました。記して感謝いたします。

千葉経済大学短期大学部 こども学科 教授
磯村陸子

本書の見方

発達のテーマ別に見開きで解説
- 運動機能（粗大）
- 運動機能（微細）
- 認知・言語
- 自我・社会性
- 食事
- 排泄
- 睡眠
- 着脱・清潔

0〜6歳を7つの章に分けて構成
- 1章　おおむね6か月未満
- 2章　おおむね6か月〜1歳3か月未満
- 3章　おおむね1歳3か月〜2歳未満
- 4章　おおむね2歳
- 5章　おおむね3歳
- 6章　おおむね4歳
- 7章　おおむね5・6歳

子どもの姿でわかる保育者の関わり方
子どもの姿と、その姿に対する保育者の関わり方を一覧で見やすく紹介。

悩んだ場面で役立つあれこれ
発達の過程や具体的なあそび、援助の方法や用語の詳しい解説など、掘り下げた内容を掲載。こんなときどうしたらいいの?! という場面のアドバイスも多数紹介。

家庭との連携に役立つ文例
子どもの発達を支えるために欠かせない、家庭との連携に役立つおたより・連絡帳文例。保育者から発信する内容と、保護者からの相談に対するお返事の2パターンを掲載。

その他のページも盛りだくさん

巻頭カラー
カラーページでは発達のテーマ別に、年齢を追ってみられる大きな特徴を掲載。また、年齢に適したあそびや玩具、絵本等も紹介。

役立つ情報
子どもの発達につなげるための役立つ情報を掲載。「幼児期の終わりまでに育ってほしい姿　10の姿」や、「小学校への接続」について、また保育の現場でよく出る質問へのお答えや、効果的なおたよりの作成方法まで幅広く紹介。

保育室の環境
各年齢の保育室の環境についても丁寧に解説。

巻末のおまけ
巻末のおまけで、おたよりに使えるかわいいイラストを多数用意。

もくじ

はじめに …… 2	★ 1章	★ 3章
本書の見方 …… 3	**おおむね6か月未満 33**	**おおむね1歳3か月〜2歳未満 67**
発達の大きな特徴	運動機能（粗大・微細） …… 34	運動機能（粗大） …… 68
運動機能（粗大） …… 6	認知・言語 …… 36	運動機能（微細） …… 70
運動機能（微細） …… 8	自我・社会性 …… 38	認知・言語 …… 72
認知・言語 …… 10	食事 …… 40	自我・社会性 …… 74
自我・社会性 …… 12	排泄 …… 42	食事 …… 76
食事 …… 14	睡眠 …… 44	排泄 …… 78
排泄 …… 16	着脱・清潔 …… 46	睡眠 …… 80
睡眠 …… 18	保育室の環境について …… 48	着脱・清潔 …… 82
着脱・清潔 …… 20		保育室の環境について …… 84
発達に適した環境	★ 2章	★ 4章
あそび …… 22	**おおむね6か月〜1歳3か月未満 49**	**おおむね2歳 85**
玩具 …… 24	運動機能（粗大） …… 50	運動機能（粗大） …… 86
絵本 …… 28	運動機能（微細） …… 52	運動機能（微細） …… 88
保育室 …… 32	認知・言語 …… 54	認知・言語 …… 90
	自我・社会性 …… 56	自我・社会性 …… 92
	食事 …… 58	食事 …… 94
	排泄 …… 60	排泄 …… 96
	睡眠 …… 62	睡眠 …… 98
	着脱・清潔 …… 64	着脱・清潔 …… 100
	保育室の環境について …… 66	保育室の環境について …… 102

★ 5章

おおむね3歳 …… 103
運動機能（粗大） …… 104
運動機能（微細） …… 106
認知・言語 …… 108
自我・社会性 …… 110
食事 …… 112
排泄 …… 114
睡眠 …… 116
着脱・清潔 …… 118
保育室の環境について …… 120

★ 6章

おおむね4歳 …… 121
運動機能（粗大） …… 122
運動機能（微細） …… 124
認知・言語 …… 126
自我・社会性 …… 128
食事 …… 130
排泄 …… 132
睡眠 …… 134
着脱・清潔 …… 136
保育室の環境について …… 138

★ 7章

おおむね5・6歳 …… 139
運動機能（粗大） …… 140
運動機能（微細） …… 142
認知・言語 …… 144
自我・社会性 …… 146
食事 …… 148
排泄 …… 150
睡眠 …… 152
着脱・清潔 …… 154
保育室の環境について …… 156

★ 8章

発達につなげるために …… 157
幼児期の終わりまでに育ってほしい姿 10の姿 …… 158
幼児期から小学校への接続 …… 162
保育者の基本姿勢10 …… 166
保育者Q&A …… 168
おたよりについて …… 170
そのまま使えるおたより文例 …… 173

おまけイラスト

おまけイラストの使い方 …… 175
運動機能（粗大） …… 176
運動機能（微細） …… 178
認知・言語 …… 180
自我・社会性 …… 182
食事 …… 184
排泄 …… 186
睡眠／カワイイ！使える！フレーム …… 188
着脱・清潔 …… 190

発達の大きな特徴
SUKUSUKU STEP!

運動機能（粗大）

首すわり→寝返り→座る

0歳児

首すわり、寝返りを経て、9〜10か月頃には、しばらく座れるように、また、1歳頃には四つばい、高ばいができるようになる。

→詳しくはP.34、P.50

歩き始める

1歳児

1歳頃に歩き始め、1歳2か月頃には安定して歩けるようになり、物をまたいだり、何かを持って運んだりできるようになる。

→詳しくはP.50、P.68

歩く、走る、跳ぶ

2歳児

走ったり、ゆっくり歩いたりできるようになる。その場でジャンプしたり、リズムに合わせて体を動かすことができるようになる。

→詳しくはP.86

同時に2つの動作ができる

3歳児

三輪車のペダルをこぎながらハンドルを操作する、など同時に2つの動作を行うことが次第にできるようになってくる。

→詳しくはP.104

うまくバランスが取れるように

左右のバランスが取れるようになり、階段を足を交互に出してスムーズに下りたり、ケンケン跳びで前進できるようになる。

→詳しくはP.122

4歳児

複雑な運動ができる

5・6歳児

空中で体のバランスを取れるようになり、補助輪なしの自転車や竹馬、逆上がりなどに挑戦し、できるようになる。

→詳しくはP.140

SUKUSUKU STEP!

発達の大きな特徴

運動機能（微細）

握る→つまむ

🚩 **0歳児**

4か月頃には手を伸ばして物を握るようになる。1歳前には小さい物を指でつまみ、穴に入れたりできるようになる。

→詳しくはP.34、P.52

手・指で操作する

🚩 **1歳児**

シールを思った位置に貼る・はがす、崩れないよう積み木を3個以上積むなど、細かな手先の操作ができるようになる。

→詳しくはP.52、P.70

手や指の力で握る・ちぎる

🚩 **2歳児**

紙や粘土をちぎったり力を調整しながら指先の操作ができるようになる。クレヨンの持ち方や動かし方が安定する。

→詳しくはP.88

思ったように手を動かす

3歳児

丸の中に目や口を描くなど、思い通りの位置に描く力が育つ。ハサミが使えるようになり、連続切りもできるようになっていく。

→詳しくはP.106

左右の手を連動させる

4歳児

線通りにハサミで丸など形を切り取れるようになる。砂をすくいながらならす、など左右の手を連動させ、物を操作できるようになる。

→詳しくはP.124

細かな作業を根気よく

5・6歳児

固結び、文字を書くなど手首・指先で細かな操作ができるようになる。指編みなど力を調整し、根気よく作業できるようになる。

→詳しくはP.142

発達の大きな特徴

認知・言語

SUKUSUKU STEP!

0歳児 表情や声で人に働きかける

視聴覚や運動の発達とともに、表情・声で物や人に働きかけるようになる。喃語（なんご）を経て「マンマ」など意味のある言葉を発する。

→詳しくはP.36、P.54

1歳児 指さしでものの名前を言う

大人の言葉を理解でき、自分の知っているものを指さして名前を言うようになる。また語尾の上げ下げで疑問や主張を表現できる。

→詳しくはP.54、P.72

2歳児 二語文を話し意思を伝える

あのね…

二語以上の文を話すようになり、言葉で意思を伝えられるようになる。相手の話に関心をもち、やりとりを楽しむようになってくる。

→詳しくはP.90

「なぜ？」「どうして？」と関心が広がる

3歳児

周囲の様々な物事に目が向くようになり、いろいろなことに「なぜだろう？」「どうしてだろう？」と関心をもつ。

→詳しくはP.108

経験したことを話す

いっぱいはしったからのどかわいた〜

4歳児

経験した出来事を、「〜だったから〜だった」のように複雑な文で表現できるようになる。悪い言葉、汚い言葉をおもしろがる。

→詳しくはP.126

言葉で伝え、考える

5・6歳児

言葉で考えたり、自分の気持ちを落ち着かせられるようになる。自分で簡単な手順や段取りを組み立てられるようになる。

→詳しくはP.144

発達の大きな特徴
SUKUSUKU STEP!

自我・社会性

人を区別できると人見知りが始まる

0歳児

特定の人を区別するようになり、5か月頃から人見知りがみられる。8〜9か月頃には特定の人の表情がわかり、区別できるようになる。

→詳しくはP.38、P.56

自我の芽生え

1歳児

「じぶんで！」と主張する自我が芽生え始め、「駄々こね」の姿が見られるようになってくる。玩具の取り合いなどがみられるようになる。

→詳しくはP.56、P.74

自己主張が強くなる

2歳児

あらゆる場面で「イヤ」と自分の主張を通そうとする。受け止めてもらい、少しずつ他者の思いを受け入れられるようになっていく。

→詳しくはP.92

友達との関わりが増える

3歳児

あそびの中での友達との関わりが増え、順番を意識する、友達にゆずるなどが少しずつできるようになっていく。

→詳しくはP.110

場にふさわしい行動を意識する

4歳児

仲よしグループができ始め、その中で思いのぶつかり合いを経験する。場にふさわしい行動がわかるようになっていく。

→詳しくはP.128

集団の一人という意識の芽生え

5・6歳児

協調性が育ち、仲間意識が生まれる。あそびや生活をさらに楽しめるように、自分たちでルールなどを考え、工夫できるようになる。

→詳しくはP.146

SUKUSUKU STEP!
発達の大きな特徴

食事

授乳から離乳食へ

0歳児

授乳の時間が少しずつ一定になっていく。他者が食べる様子に関心をもつようになり、生後半年頃から離乳食が始まる。

→詳しくはP.40、P.58

スプーンを使っての食事

1歳児

少しずつ歯や舌が使えるようになり、スプーンを「上手持ち」で持ち、食器に手を添えて自分で食べられるようになっていく。

→詳しくはP.58、P.76

好き嫌いがはっきりと

2歳児

手づかみもするが、スプーンやフォークを使って食べられるようになる。好き嫌いがはっきりし、苦手なものを嫌がるようになる。

→詳しくはP.94

箸を使い始める子も

3歳児

スプーン・フォークならほぼ自分で食べられるようになり、箸を使う子も出始める。食事中の会話を楽しめるようになってくる。

 →詳しくはP.112

箸での食事

4歳児

箸などを使って自分で食べられるようになる。自分の食べられる量が少しずつわかるようになるが、食べる量の個人差も大きくなる。

 →詳しくはP.130

マナーや時間を意識

5・6歳児

食道具を使ってスムーズに食べられるようになる。基本的なマナーや時間を意識しながら、会話を楽しんで食べられるようになる。

 →詳しくはP.148

SUKUSUKU STEP!
発達の大きな特徴

排泄

排泄の間隔が徐々に長くなる

0歳児

頻繁な排泄から、徐々に間隔が長くなっていく。夜寝ている間は排泄しないこともある。

→詳しくはP.42、P.60

排泄を知らせる

1歳児

排泄後に「でた」と知らせることから、少しずつ出る前に知らせることができるようになり、時々トイレで排泄できるようになる。

→詳しくはP.60、P.78

布パンツで過ごす時間が増える

2歳児

最初はおもらしもあるが、徐々に布パンツで過ごす時間が増え、自分で尿意を感じたらトイレに行くこともできるようになってくる。

→詳しくはP.96

日中は布パンツで

3歳児

日中は布パンツで過ごせるようになる。失敗もあるが、したくなったら自分でトイレに行くことができるようになっていく。

→詳しくはP.114

排泄の自立

トイレ行ってくるね！

4歳児

排泄後に拭くことなど含め、だいたい自分でできるようになる。活動前にトイレに行く必要性などがわかるようになる。

→詳しくはP.132

予定を考えて排泄を行う

5・6歳児

予定を考えて排泄を済ませておくことができるようになっていく。健康と排泄との関係がわかるようになる。

→詳しくはP.150

SUKUSUKU STEP!
発達の大きな特徴

睡眠

8か月頃に3回寝に

0歳児

4か月頃には昼夜の区別ができ始め、8か月頃には夜間に10時間程度眠れるようになる。睡眠が午前・午後・夜間の3回になる。

→詳しくはP.44、P.62

午前中、眠らなくなる

1歳児

おやすみ

ほとんどの子が午前中に眠らなくなり、午後1回、2〜3時間の午睡になる。自分で布団に入り、眠る準備ができるようになっていく。

→詳しくはP.62、P.80

一人で眠れるように

2歳児

目を閉じて横になり、一人で眠りにつけるようになる。活動量が増えて体力がつき、午睡時に眠れない子も出てくる。

→詳しくはP.98

眠いことが自覚できるように

3歳児

「今、自分は眠い」ということを自覚できるようになる。環境の変化などで寝言や泣いて起きることが一時的に増えることがある。

→詳しくはP.116

夜10時間ほどの睡眠 午睡は2時間弱ほどに

4歳児

睡眠時間10時間ほど　午睡は2時間ほど

一日の睡眠が夜10時間以上、午睡2時間弱ほどになる。午睡の布団の準備や片づけを自分でできるようになる。

→詳しくはP.134

午睡を必要としない子が増える

5・6歳児

午睡を必要としない子が増えてくる。睡眠の大切さがわかり、疲れや眠さを自分で判断し、休んだり眠ったりできるようになる。

→詳しくはP.152

発達の大きな特徴

SUKUSUKU STEP!

着脱・清潔

一日に何度も着替えをする

0歳児

吐乳、発汗などで一日に何度も着替えをする。1歳近くには着脱や手拭きなどの動きに参加しようとするしぐさがみられるようになってくる。

→詳しくはP.46、P.64

着脱に挑戦

1歳児

着替えに興味をもち、自分でやってみようとする。歩行がしっかりしてきたら、椅子に座って自分でズボンをはけるようになる。

→詳しくはP.64、P.82

意欲的に着脱に取り組む

2歳児

最初はパンツやズボンなどから着脱が自分でできるようになり、シャツなど上着も徐々に着脱できるようになっていく。

→詳しくはP.100

3歳児: 着脱の自立と、手洗い・うがいの習慣化

ボタンなども自分で留められるようになり、時間はかかるが自分で着脱できるようになる。手洗いやうがいが習慣化する。

→詳しくはP.118

4歳児: 清潔の意識や自立が高まる

汚れたとき、汗をかいたときなど、必要に応じて自分で着替えられるようになる。鼻が詰まっていたら自分でかむことができる。

→詳しくはP.136

5・6歳児: 衣服の調節をする

暑さ・寒さを考えて自分で服を選んだり調節できるようになる。ハンカチやティッシュを持ち歩き、使えるようになる。

→詳しくはP.154

発達に適した環境

発達にともなって、できること、楽しめることが変わっていきます。どのあそびにもそれぞれの楽しさ、発達を促す力があります。様々な経験を提供していきましょう。

	発達の特徴	作る・変化を楽しむ
0歳	感覚や運動の発達がめざましい時期です。「おもしろいね」「楽しいね」という大人からの共感の関わりを土台にして、様々な感覚や動きを楽しみます。	揺れを楽しむモビール／ガラガラなど操作して楽しむ玩具／ボールなど転がして動きを楽しむ玩具
1歳	歩行が可能になり、お気に入りの物を持って歩いたり動き回ることを楽しみます。大人や他の子の様子を見て真似することで、あそびがぐんと広がります。	なぐり描き／積み木など並べるあそび／出し入れする玩具／感触あそび
2歳	細かな手指の動きが可能になります。つまむ・ちぎる・はめるなど、様々な素材や物に触れて操作し、偶然できあがる形や動きを大人と一緒に楽しみます。	ブロックなどはめて遊ぶ玩具／ちぎり絵／小麦粘土／スタンプ／なぐり描き
3歳	「これをつくろう」など思いをもってあそびに取り組むようになってきます。また、大人も加わりながらのごっこあそびなど、友達と一緒に遊ぶことが楽しくなってくる時期です。	ブロック／積み木を積む／組み立てるあそび／粘土／色紙の切り貼り絵／フィンガーペインティング／描画
4歳	順番やルールを意識して遊ぶごっこあそびなど、友達とアイデアを出しながら遊ぶようになります。また、互いに作った物を組み合わせたり、一緒に使って遊んだりするようになります。	折り紙／木の葉や木の実など自然素材で作る／空き箱で作る／鉛筆やマーカーなど様々な画材で描画
5・6歳	みんなで目標やテーマを決めて工夫して遊びます。ルールを考えたり、あそびに使う場所や物を工夫したり、一緒にあそびをつくるプロセス自体を楽しみます。文字表現にも関心が芽生えます。	編み物／織物／折り紙／絵の具で絵を描く／段ボールで家や乗り物作り／みんなで大きな作品作り

動いて・屋外で楽しむ	役割ややりとり・ごっこを楽しむ	言葉や音などを楽しむ
揺さぶりあそび（抱っこで・ひざで）／はいはいで「おいでおいで」「マテマテ」／斜面や段差をはいはい／壁面玩具など立ったり、伝い歩きで遊ぶ	いないいないばあ／玩具を「ちょうだい」「はいどうぞ」のやりとり	形や色を楽しむ絵本／わらべうた
ひもで引っ張る玩具（プルトイ）／手押し車など引いて歩く／砂あそび／斜面や段差を上る	人形のお世話あそび／「食べるふり」など単純なふりあそび／「積み木＝車」など単純な見立てあそび	言葉の響きを楽しむ絵本／紙芝居／太鼓やシロフォンなどの打楽器
三輪車／スクーター／追いかけっこ／ボールあそび／砂あそび／泥あそび／水あそび／木の葉や木の実探し／シャボン玉	料理や食事など簡単なごっこあそび／人形のお世話あそび	単純なフレーズやストーリーなど繰り返しを楽しむ絵本／紙芝居／歌う／リズム楽器／リズム運動
三輪車／スクーター／おにごっこ／ボールあそび／ヘビ縄跳び／ブランコ／ジャングルジムなどの遊具／砂あそび／泥団子／砂山作り／木の葉や木の実探し／虫捕り	洗濯などおうちごっこ／お医者さんごっこ／病院ごっこ／乗り物ごっこ	細かな生活の描写を楽しむ絵本／紙芝居／図鑑／なぞなぞ／しりとり／歌う／リズム楽器／リズム運動
三輪車／スクーター／おにごっこ／サッカー／転がしドッジボール／キャッチボール／リレー／縄跳び／長縄跳び／鉄棒／泥団子／砂山／川作り／マット運動／平均台／野菜や花の栽培	おうちごっこ／お店屋さんごっこなど、役割をつくって交代しながら遊ぶ	ファンタジーの世界を楽しむ絵本／カルタ／歌う／リズム楽器／音楽に合わせてダンス
自転車／竹馬／おにごっこ（ケイドロ・氷鬼）／サッカー／ドッジボール／鉄棒／縄跳び／長縄跳び／マット運動／平均台／跳び箱／野菜や花の栽培	おうちごっこ／お店屋さんごっこ／電車ごっこなど、テーマやストーリーを自分たちで決めたり道具を作ったりして遊ぶ	少し長いストーリーを楽しむ絵本／トランプ／カルタ／メロディー楽器／音楽に合わせてダンス／なぞなぞ／しりとり／早口言葉／逆さ言葉／だじゃれ／手紙ごっこ／絵本作りなど文字の表現

発達に適した環境

玩具
TOYS

[玩具の楽しみ方・選び方]

おもちゃは子どものあそび環境を構成する重要な要素です。それぞれの時期にできること、楽しめること、育てたい力をふまえておもちゃを選びましょう。以下に発達の目安と適したおもちゃを挙げました。ただし、よいおもちゃは発達に合わせて様々な遊び方ができるものです。

乳児期には見て・触って楽しむ、幼児期は自分で操作し、組み合わせたりして遊ぶなど、多様な関わりができるものを選び、発達に合わせ、遊び方を含めて提供していきましょう。

また、子どもは多様な関わりを試す中で、おもちゃの新たなおもしろさや、遊び方を発見することがあります。子どもが新たな発見をしたときには、それを喜び、一緒に楽しみましょう。

0歳 発達の特徴とおもちゃ選びのポイント

体や運動の発達とともに、できる動きがどんどん増えていきます。玩具もこまめに見直して、それぞれの子どもにできる動きを生かした玩具で遊ぶことができるように配慮します。

感覚が育つ時期でもあります。刺激が強すぎない、木や布など手触りの柔らかい玩具、優しい音、ゆっくりとした動きの玩具が適しています。

玩具の一例

- あおむけに寝て眺める、音を楽しむ玩具
  モビール　プレイジム　ベッドメリー

- 手で持って、なめる、眺める玩具
  ガラガラ　ニギニギ　マラカス

- 座って、触って動かす、動きを眺める玩具
  起き上がりこぼし　布ボール
  ボールころがしスロープ

- 握って出し入れする玩具
  穴落とし　布ティッシュボックス

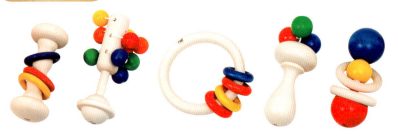

1歳 発達の特徴とおもちゃ選びのポイント

> **玩具の一例**
> ● 歩きながら引っ張る玩具
>   プルトイ　手押し車
> ● 立って遊ぶ玩具
>   壁面マグネット　壁面ボードの玩具
> ● 持って目で見ながら操作する玩具
>   積み木　型はめ
> ● 動きを見る玩具
>   布ボール　ボールころがしスロープ

　立って歩けるようになり、握る、つまむなど手指の動きもバリエーションがさらに増えていきます。手足、手指の様々な動きを引き出す玩具を用意しましょう。
　物の位置を目で確かめながら操作するなど、手と目の動きを連動させる経験、物が転がるのを見るなど、動きを目で追う経験もとても大切です。あそびの中に積極的に取り入れていきましょう。

2歳 発達の特徴とおもちゃ選びのポイント

> **玩具の一例**
> ● 指先の力や操作を育てる玩具
>   スナップ・ボタン付きの玩具
>   洗濯バサミ　ひも通し
> ● お世話あそび
>   人形　ままごとセット
> ● 色や形の認識につながる玩具
>   ピースが大きめのパズル
>   ブロック　マグネット

　服の着脱や、食事など、身の回りのことを自分でするのに必要な指先の動作をあそびの中でも育てていきます。また、人形のお世話あそびなど、生活の様々なことを再現して楽しめるよう環境を整えます。
　形や色の認識が育ってくるとともに、パズルや積み木など座ってじっくり遊ぶ玩具も楽しめるようになってきます。

発達に適した環境  玩具 TOYS

発達の特徴とおもちゃ選びのポイント

　様々な道具を使ってごっこあそびが楽しめるようになってきます。キッチン、洗濯など子どもにとって身近な場面を準備して、子どもたちがイメージを広げられるようにします。

　集中してブロックを組み立てたりすることや、「順番に取る」など単純なルールを意識しながら友達と簡単なカルタなどゲームで遊ぶこともできるようになってきます。

  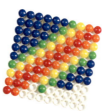

玩具の一例

- ごっこあそびを充実させる道具や衣装
  キッチンセット　病院ごっこセット
- 集中して取り組む玩具
  ブロック　パズル　リモーザ
- ルールを経験できるゲーム
  簡単なカルタ　メモリーゲーム

発達の特徴とおもちゃ選びのポイント

　手先の器用さが増し、何かを作る際に、見本通りに作ろうとしたり、「こういうものを作ろう」とある程度イメージして作ることができるようになってきます。

　また相手の気持ちをくんで行動できるようになり、けんかも多いですが一緒に遊ぶことを楽しめる時期です。ごっこあそびや、ルール・勝ち負けのあるゲームで、一緒に楽しく遊ぶことを学べるようにしましょう。

玩具の一例

- 手先を使って集中して遊ぶ玩具
  ブロック　積み木　折り紙
- ごっこあそびを充実させる道具や衣装
  レストラン　お店屋さんごっこ
- ルールに沿ってみんなで遊ぶ玩具
  すごろく　カルタ

5・6歳

発達の特徴とおもちゃ選びのポイント

　言葉でアイデアや思いを伝え合い、友達と協力して大きな作品を作ったり、ルールやあそび方を自分たちで工夫しながら遊ぶ協同経験が大切な時期です。見本と見比べたり、作り方の指示を参照したりしながら、複雑な手順を実行していく経験も大切です。

　また、一人でコツコツと何日間もかけて作品を作ることもできるようになってきます。

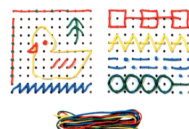

玩具の一例

- 協同での製作も可能な玩具
  ブロック　カプラ®などの積み木

- 根気強く取り組むあそび
  編み物　LaQ（ラキュー）

- 手順や見本に沿って行動する玩具
  ひも通しボード　折り紙

[よい玩具のポイント]

Point1 発達に合わせて様々な遊び方ができるもの。

Point2 子どもが自分で動かしたり働きかけたりできるもの。

Point3 安全で丈夫なもの。

Point4 色、形、音などが美しいもの。

Point5 子どもだけでなく大人も楽しむことができるもの。

P.22～27 写真・掲載協力
おもと保育園／城陽市立 久世保育園／どんぐりママ／株式会社アトリエ ニキティキ／株式会社ニチガン
KAPLAジャパン有限会社アイ・ピー・エス／木のおもちゃの専門店Linde／ヨシリツ株式会社

発達に適した環境

[絵本の楽しみ方・選び方]

　大人のひざで読んでもらう、一人でじっくりと眺める・読む、友達と一緒にワイワイと眺める、集団で読み聞かせてもらう……絵本は内容の多様さだけでなく、様々な楽しみ方があります。

　それぞれに適した絵本の楽しみ方はありますが、子どもは内容だけでなく、絵本を読む・読んでもらうそれぞれの場ややりとりを、楽しんでいます。「内容がわかる、わからない」といった基準だけでなく、絵本を読む場でどのような子どもとのやりとりが生まれるか、どのように子どもの世界が広がるかをイメージして本を選びましょう。

発達の特徴と絵本選びのポイント

おすすめの絵本

● 絵と音の響きを楽しむ絵本
『じゃあじゃあびりびり』
作・絵：まつい のりこ / 偕成社
『もいもい』
作・絵：市原 淳 / 監修：開 一夫
ディスカヴァー・トゥエンティワン

● 触れ合いや動きを楽しむ絵本
『いないいないばあ』
文：松谷みよ子
絵：瀬川康男 / 童心社
『くっついた』
作・絵：三浦太郎 / こぐま社

● 身近なものなどの絵を楽しむ絵本
『こぐまちゃんえほんシリーズ』
作：わかやま けん、もり ひさし、わだ よしおみ / こぐま社

　0歳前半は特に、まだ見る力が発達途上ですが、形や色、語りかける大人の優しい声や言葉の音の響きを楽しむことはできます。まだ視力が弱いため、絵は色や輪郭のはっきりしたものが適しています。

　9か月を過ぎると、大人に向けて指さしをするなど、見ているものを大人と共有することを喜ぶようになり（三項関係の成立）、絵本を「一緒に見る」ことを楽しめるようになります。絵本をきっかけにしたやりとりが広がる作品を選びましょう。また、動く範囲が広がるとともに見知ったものが増えていきます。子どもにとって身近なものが描かれた絵本を喜びます。

1歳

発達の特徴と絵本選びのポイント

　片言を交えて大人と関わるようになり、絵をじっくりと見て、指さして名前や言葉を答えてもらうやりとりや、繰り返されるフレーズを楽しみます。また、繰り返しをベースに、少しずつ変化が織りこまれ展開していく、ごく単純なストーリーを楽しめるようになります。

　イメージをもって遊ぶ力が育つ時期でもあり、絵本に描かれたものを食べるふりをしたり、同じ動作をするなど、絵本が真似や「ふり」などを楽しむきっかけになります。

おすすめの絵本

- 絵を見てやりとりを楽しむ絵本
  『どうぶつのおやこ』
  絵：薮内正幸 / 福音館書店
  『おやおや、おやさい』
  文：石津ちひろ
  絵：山村浩二 / 福音館書店

- 繰り返されるフレーズを楽しむ絵本
  『だるまさんが』
  作：かがくい ひろし / ブロンズ新社
  『がたん ごとん がたん ごとん』
  作：安西水丸 / 福音館書店

- 単純なストーリーを楽しむ絵本
  『おつきさま こんばんは』
  作：林 明子 / 福音館書店
  『どんどこ ももんちゃん』
  作・絵：とよた かずひこ / 童心社

- 「ふり」を楽しむ絵本
  『くだもの』
  作：平山和子 / 福音館書店
  『きゅっ きゅっ きゅっ』
  作：林 明子 / 福音館書店

2歳

発達の特徴と絵本選びのポイント

　短いものであれば起承転結のあるお話を楽しめるようになります。わかりやすいストーリーのある絵本を選びましょう。絵を観察したり、違いに気づいたりする力や、想像する力が少しずつ育っていきます。

　「次はなんだ？」というやりとりを一緒に楽しめる本が適しています。また、「恥ずかしい」「悔しい」「誇らしい」など感情が豊かになり、様々な気持ちを経験します。主人公の気持ちに自分を重ね合わせられるような絵本も適しています。

おすすめの絵本

- ストーリーを楽しむ絵本
  『はらぺこあおむし』
  作：エリック・カール
  訳：もり ひさし / 偕成社
  『わにわにのごちそう』
  文：小風さち
  絵：山口マオ / 福音館書店

- 「次は？」を当てて楽しむ絵本
  『たまごのあかちゃん』
  文：神沢利子
  絵：柳生弦一郎 / 福音館書店
  『なにをたべてきたの？』
  文：岸田衿子
  絵：長野博一 / 佼成出版社

- 気持ちに共感できる絵本
  『はけたよはけたよ』
  文：神沢利子
  絵：西巻茅子 / 偕成社
  『いやだいやだ』
  作・絵：せな けいこ / 福音館書店

発達に適した環境　絵本 PICTURE BOOK

3歳

発達の特徴と絵本選びのポイント

　身の回りにある物事への好奇心が高まり、どんどん知識を増やしていきます。興味をもったことについて学べる科学的な視点の絵本なども楽しめるようになります。また、食事や着替えなどがほぼ自分でできるようになり、生活力や生活についての知識が高まり、生活の細々した描写を楽しめるようになります。

　ごっこあそびではその力が生かされます。あそびの中での友達との関わりも増え、友達や家族との関係を描いた物語が理解できるようにもなっていきます。

おすすめの絵本

- 興味を深めるための絵本
『ぼく、だんごむし』
文：得田之久
絵：たかはし きよし / 福音館書店
『みんなうんち』
作：五味太郎 / 福音館書店

- 人々の生活のディテールを楽しむ絵本
『14ひきのシリーズ』
作：いわむら かずお / 童心社
『パンやのくまさん』
作・絵：フィービ・ウォージントン、セルビ・ウォージントン
訳：間崎 ルリ子 / 福音館書店

- 人との関わりを描いた絵本
『どうぞのいす』
作：香山美子
絵：柿本幸造 / ひさかたチャイルド
『だるまちゃんとてんぐちゃん』
作・絵：加古里子 / 福音館書店

4歳

発達の特徴と絵本選びのポイント

　特定の友達同士で遊ぶことが増え、その中でけんかや仲直りを繰り返し相手の気持ちを考える力も育っていきます。友達同士を描いた本を通じて互いの気持ちを体験します。

　日常とちょっとつながったあり得ない世界を楽しめるようになり、「もしそうだったらどうする？」と想像を膨らませるやりとりを楽しむことができます。また、文字への興味も高まり、いろいろな文字があることや様々な文字の役割にも興味をもちます。

おすすめの絵本

- 友達との関係を描いた絵本
『そらいろのたね』
文：中川李枝子
絵：大村百合子 / 福音館書店
『くれよんのくろくん』
作・絵：なかや みわ / 童心社

- ファンタジーの世界を楽しむ絵本
『ねえ、どれがいい？』
作：ジョン・バーニンガム
訳：まつかわ まゆみ / 評論社
『おふろだいすき』
作：松岡享子
絵：林 明子 / 福音館書店

- 文字への興味を高める絵本
『あっちゃん あがつく たべものあいうえお』
作：さいとう しのぶ
原案：みね よう / リーブル
『とん ことり』
作：筒井頼子
絵：林 明子 / 福音館書店

5・6歳

発達の特徴と絵本選びのポイント

特定の友達同士の関係だけでなく、「みんなで」という意識が生まれ、力を合わせて目標に向かって取り組むことができるようになります。少し長い物語を何日かに分けて楽しむこともできるようになります。

新しい挑戦や冒険に向かう不安やドキドキなど繊細な気持ちの動きを理解できるようになっていきます。繊細な気持ちが絵と言葉で描かれた絵本を選びましょう。また、絵本を通じて、外国語や方言、早口言葉や逆さ言葉など多様な言葉に触れる経験をもちましょう。

おすすめの絵本

● 「みんなで」の経験についての絵本
『おおきなおおきなおいも』
原案：市村久子
作・絵：赤羽末吉 / 福音館書店
『スイミー』
作：レオ＝レオニ
訳：谷川俊太郎 / 好学社

● 繊細な気持ちを描いた絵本
『はじめてのおつかい』
作：筒井頼子
絵：林 明子 / 福音館書店
『ピーターのいす』
作・絵：エズラ・ジャック・キーツ
訳：木島 始 / 偕成社

● 言葉の多様さ、おもしろさを楽しむ絵本
『じごくのそうべえ』
作：たじま ゆきひこ / 童心社
『ことばあそびうた』
詩：谷川俊太郎
絵：瀬川康男 / 福音館書店

絵本を読むときのポイント

Point 1 発達、興味・関心、場面などを考えて絵本を選ぶ。

Point 2 絵本に集中でき、ゆったりできる環境であることを確認する。

Point 3 言葉だけでなく、絵を十分に楽しめるようにゆっくりと進める。

Point 4 読むことだけにこだわらず、絵本から生まれるやりとりを楽しむ。

Point 5 絵本と生活・あそびをつなげる。

発達に適した環境

保育室 NURSERY ROOM

子どもが一日を過ごす保育室は、安心・安全に過ごし、様々なことに挑戦したくなる場所であるように、発達に応じて工夫しましょう。

0歳

食事コーナー、あそびコーナーなど活動ごとに場を分け、「ここに来たら食事」と子どもが活動を見通すことができ、安心して過ごせるようにします。コーナーを分けることでそれぞれの子どもの発達や生活リズムに合わせた援助も可能になります。

→詳しくはP.48、P.66

3歳

子どもの生活やあそびの動線を意識してコーナーを配置し、また絵や図など視覚的なガイドを用いることで、おもちゃを出す・片づけるなど、あそびや生活に必要な動作を子どもがやりたいとき・必要なときに「自分でできる」空間にします。

→詳しくはP.120

1歳

思いきり体を動かして遊ぶコーナー、じっくり座って遊ぶコーナーなど、それぞれのあそびの空間を保障します。子どもがどの場所にいても保育者と目が合い、また保育者の目が届く空間にすることで子どもは安心・安全に過ごすことができます。

→詳しくはP.66、P.84

4歳

ごっこあそびコーナーなど子どもたちが一緒に遊ぶ空間と、一人でじっくり遊ぶ空間を意識し、それぞれのコーナーにふさわしい広さや雰囲気にします。製作コーナーは子どもの発想や技術に合わせた材料をそろえ「何か作りたくなる」コーナーに。

→詳しくはP.138

2歳

「絵本コーナーは広すぎず落ち着いて座る空間に」など、各コーナーを確保し、それぞれの活動にとって適切な広さにすること、各コーナーをしっかりと区切ることで、あそびが交ざらず、今しているあそびに子どもが没頭できるようにします。

→詳しくはP.102

5・6歳

その時々で、それぞれの活動に必要なコーナーの広さや配置も変化します。必要に応じ、子どもたちと一緒に配置やインテリアを見直す機会をもち、子どもたち自身が「みんなが使いやすく過ごしやすい空間」を考え、工夫する経験をもてるようにします。

→詳しくはP.156

1章

> おおむね

6か月未満

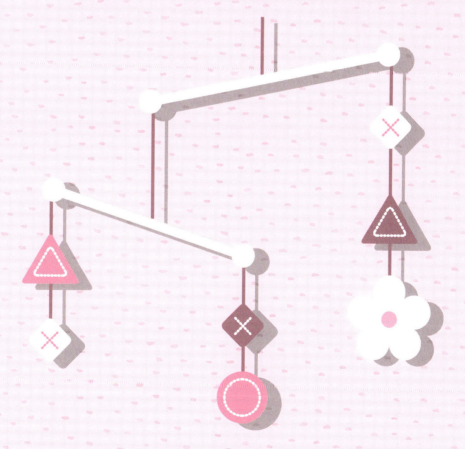

運動面でも感覚面でも著しい発育と発達がみられます。この時期に子どもの要求に適切に対応することで、人に対する基本的な信頼感が築かれます。

{ おおむね }

6か月未満　運動機能（粗大・微細）

{ ねんねの時期 }　子どもが受け身になりがちなこの時期。見たり、聞いたり、触ったりすることを十分に味わえるように、大人の工夫が必要です。

子どもの姿

- **早い子は生後3か月頃首がすわる**。少しの時間なら、腹ばいの姿勢で頭を持ち上げていることができる。

- **手のひらを使って物を握る**。まだ指先を使うことはできない。

- **手を伸ばし、体の近くにある物をつかもうとする(リーチング)**。目と手の協応の達成。

- **足を上げ、腰をねじるような動き**がみられるようになる。自力でうつぶせになることができたら、寝返りの完成。

- まだ体を自由にコントロールできないので、同じ位置、同じ体勢のまま過ごすことが多い。

保育者の関わり

- ★ **首がすわるまでは、しっかり首を支える横抱きが基本**。授乳後に排気(げっぷ)をするときも、子どもの頭を支えることを忘れない。

- ★ ガラガラなど、軽くて細長い棒状の玩具や、輪状の玩具が握りやすい。引っ張ると伸びたり、握ると形が変わる玩具も楽しめる。

- ★ **手を伸ばせば届く距離に玩具を置いてあげる**。「これは何だろう」「触ってみたい」と思えるような、魅力的な玩具を準備する。

- ★ 手助けをしたくなりがちだが、**リードしすぎず、子ども自身の達成感を大切にする**。寝返りの開始時は、うつぶせでの窒息に注意する。

- ★ **見える世界に変化があるような援助**を心がける。腋(わき)の下にロールクッションを置いて腹ばいにしたり、抱っこやおんぶで散歩を楽しんだりする。

運動機能の発達

首すわり → 寝返り

首すわり
4～5か月。首がすわるまでは、横抱きで首と腰をしっかり支える。おんぶは完全に首がすわってからであれば可だが、長時間背負いっぱなしにならないように注意。

寝返り
6～7か月。寝返りができるようになっても、腹ばいの姿勢を長時間保つのは難しい。疲れてきたら仰向けに戻してあげるなどのサポートを。

おすわり
9～10か月。1分以上支えなしで座っていられると、おすわりの完成。姿勢が安定しない時期は、後方への転倒に気をつける。

※厚生労働省「平成12年乳幼児身体発育調査報告書」より
月齢目安は90％の通過率で表した。

運動機能に関する用語

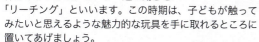

リーチング
4か月頃から表れる、物を見る、手を伸ばす、つかむ、という一連の動きを「リーチング」といいます。この時期は、子どもが触ってみたいと思えるような魅力的な玩具を手に取れるところに置いてあげましょう。

触れ合いあそびが育むもの

大人が子どもの体に触れながら行うふれあいあそびやわらべうたは、子どもに心地よさや楽しさを与えるだけでなく、身体感覚を育むことにもつながります。体の隅々まで感覚がいきわたっていない赤ちゃんは、大人に抱かれ、あやされ、触られることで、「自分」の体を知ることになるのです。また、心地よい肌と肌の触れ合いは、大人と子どもの愛着関係を確かなものにしてくれるという効果もあります。

家庭との連携でお役立ち！ おたより・連絡帳に使える文例

1章 6か月未満

保育者より：腹ばいに挑戦！

文例：今日は午前中の機嫌のいいときに、ロールクッションの上で腹ばいに挑戦しました。手で支えながらぐっと頭を持ち上げて大きく目を見開き、きょろきょろと周りを見渡して不思議そうな顔をしていました。いつも仰向けの姿勢からみんなを見上げていたので、新鮮だったのかもしれません。少しずつ世界が広がっていきますね。

ポイント：動きの少ない赤ちゃんでも、日々の小さな成長を丁寧に伝えましょう。

保護者の相談：なかなか寝返りをしません

お返事の文例：最近の〇くんは、興味のあるものを視線だけでなく首を動かして追ったり、物に手を伸ばしたりする姿が多くなってきました。「あれは何だろう？触ってみたい」という気持ちが寝返りのきっかけであることが多いですから、きっともう少しですね。園でも、〇くんが好きそうな玩具で誘ったり、横から声をかけたりしてみたいと思います。

ポイント：育っている部分を伝えつつ、家庭でもできる援助の方法を具体的に。

6か月未満 認知・言語

> おおむね

{ 五感を大切に } まだ意味のある言葉を話しませんが、五感を使って様々なことを感じています。十分に感じ体験することが、その後の言葉の発達へとつながっていきます。

子どもの姿

- ゆっくりと動くものであれば目で追うことができる（追視）。

  > ☆ **視力について** 出生直後の視力は0.02、生後6か月でおよそ0.1になる。ぼんやりと霧がかかったような視界なので、玩具はカラフルなものが好ましい。絵本は輪郭がはっきりしたものを選ぶ。

- 大人が話しかけると、「アー」「ウー」など機嫌よく声を出したり（クーイング）、手足をばたつかせたりする。

- **聴覚優位**なので、音には敏感に反応する。特に、人の話し声に対する感性が高く、好きな音、嫌いな音などの好みもある。

- まぶしすぎる環境では、刺激を避けるため瞼を閉じて眠ってしまう。

- 見えるものの変化や動きに関心をもつ。**五感を使ったあそびを**楽しむ。

保育者の関わり

- モビールやベッドメリーなどを吊るしてあげる（頭上は避ける）。**玩具を子どもの目の前でゆっくり動かし**、動きや音を楽しめるようにする。

- **子どもの発声を大人が真似したり、「おしゃべりしたいの」などと応える**ことで、コミュニケーションの楽しさを味わえるようにする。

- 音の刺激が大きすぎない環境を心がける。また、語りかけるときには、**高めの優しい声、短い言葉の繰り返し（マザリーズ）**を意識する。

- 仰向けの姿勢でいることが多いこの月齢の子どもにとって、照明が明るすぎないか、確認をする。**光源が直接目に入らないよう**工夫する。

- 薄い布で視界を覆ったり、触って感触を楽しめる玩具を提供する。必ず口に入れるので、衛生面には十分に注意する。

認知・言語に関する用語

クーイング
機嫌のよいときに「アー」「ウー」などの音を発する。喃語の前段階。

喃語
「ダダダ」「パパー」などの多音節から成る発語。他者に向けて発するようになる。

共同注意
他者と同じものに注意を向ける行為。生後9か月頃から、自分が持っているものを他者に見せようとしたり、指さしなどで自分の注意を向けた対象を他者と共有しようとしたりする。

追視
動くものを目で追うこと。新生児期は、自分の意思で視線をそらせなくなる「強制固視」があるが、生後3か月を過ぎると眼球の動きを自分でコントロールできるようになる。

聴覚優位
生後10か月頃までの子どもは視力が弱いため、情報の獲得は聴覚に頼っている。ちなみに大人は、情報の約6割を視覚から得ている。

マザリーズ
母親語。高い声で、単純な短い言葉を、区切りよく、繰り返して話すと、赤ちゃんに伝わりやすい。

「いないいないばあ」を喜ぶメカニズム

生後5か月頃になると記憶や思考の力が発達し、「見えないけれども隠れている」「今は見えないけれども戻ってくる」などと推測することができるようになります。そこには、「この人は急にいなくなったりしない」「動いていないのにものが消えることはない」といった確信が背後にあるのです。「いないいないばあ」を楽しむことができるのは、保育者との信頼関係が築けていることの証でもあるのですね。

家庭との連携でお役立ち！

おたより・連絡帳に使える文例

家庭と一緒に成長を喜ぶ
保育者より

文例：保育者が声をかけると、「あー、あー」と応えてくれるようになり、かわいらしい声にひよこ組の職員一同メロメロです。わらべうたを歌ってみましたら、「キャッキャッ」と声をあげて笑ってくれました。○ちゃんとおしゃべりができるようになって、嬉しいです。

ポイント 保育者が我が子の成長を喜んでくれるのは、保護者にとっても嬉しいことです。

どうやって遊んであげたらいいか、わからない
保護者の相談

お返事の文例：○ちゃんの最近のお気に入りは、鈴の入った布のボールです。握って振って音を聴いたり、転がっていくのをじっと見たりしています。引っ張り出し遊びも大好きで、容器から布を全部出して、にこ〜と笑ってくれます。保育者が容器に布をしようと、また最初から楽しそうに出していました。

ポイント 園でのあそびをさりげなく伝えましょう。

1章 6か月未満

6か月未満　自我・社会性

（おおむね）

{ 基本的信頼を育む }　この時期に特定の大人との間でしっかりと愛着関係を築くことが大切です。保育者は、子どもが安心して日々を過ごすことができるように細心の注意を払います。

子どもの姿

- 本能的な動きである生理的微笑から、他者とのコミュニケーションを求める**社会的微笑**へと移行する。

- 身近な人の顔を見分けたり、声を聴き分けたりする。**初期の人見知り**が始まる。

- 生理的な不快が泣く主要な理由で、ある段階から、**人との関わりを求めて泣く**ようになる。

- 指しゃぶりをしたり、顔に触ったりする。両手を胸の前で合わせたり、足をつかんで遊んだりする。

- 鏡に映った保護者・保育者に笑いかけたり、鏡の中の自分の姿に興味をもち、触ろうとする。

保育者の関わり

- ★ 話しかけたり、あやしたりして、笑顔を介した楽しいコミュニケーションをたくさん経験させていく。

- ★ 特定の大人との愛着関係が育まれている証なので、**できるだけ決まった保育者が関わるように心がける**。気持ちが安定し見知らぬ人にも関心を向けるようになれば、少しずつ関係を広げていく。

- ★ 泣きやませようと焦るのではなく、**ゆったりとした気持ちで**丁寧に泣いている原因を探っていく。抱き上げたり、声をかけたりするだけで泣きやむこともある。

- ★ **スキンシップを十分に取り**、子どもの身体イメージの獲得につなげる。抱っこや触れ合いあそび、マッサージなどを意識的に行う。

- ★ 抱っこをして鏡を一緒に見たり、鏡の付いた玩具を提案したりする。自己イメージの獲得に有効だが、自分の体に実際に触って遊ぶことも重要。

人間関係の基礎を育む「人見知り」とその対応

　見知らぬ人の顔を見ただけで泣きだしてしまう「人見知り」は、自分にとって重要な人とそうでない人との区別がついてきたということの証です。人は、特定の人との親密で温かい関係を基礎にして、そこから関係を広げていきます。安全基地としての大人との関係が強くしっかりしたものであれば、未知の世界へ挑戦していく意欲も大きくなるのです。人見知りを困ったこととしてではなく、成長の証として肯定的に捉え、この時期ならではの親密な関係を楽しみましょう。

対応として

- 子どもと保育者が愛着関係をしっかりと築くためには、担当制保育が有効です。授乳やおむつ替えなど、1対1で関わる場面では担当の保育者を決め、代わる代わるいろいろな人がお世話をするのは避けましょう。

- 入園時に人見知りが激しく、保護者と離れるのが難しい場合もあります。そんなときは、可能であれば保護者と一緒に園で過ごしてもらい、楽しい場所であることを体験してもらいましょう。また、子どものお気に入りの玩具やタオルなどを家庭から持ってきてもらい、心のよりどころとするのもよいでしょう。

泣くことの重要性

　子どもに激しく泣かれてしまうと、早く泣きやませなければと焦ってしまいますね。でも、泣くことは子どもにとって、大切な自己表現の手段です。なぜ泣きたいのか、その思いを受け止めてもらえないまま、玩具で気をそらされたり眠らされたりされると、子どもの気持ちの行き場がなくなってしまいます。子どもが泣いたときこそ、心を通じ合わせるチャンスです。泣きたい気持ちを、一緒に味わってみてください。

家庭との連携でお役立ち！ おたより・連絡帳に使える文例

保育者より — お友達との触れ合う姿

文例：プレイマットの上で遊んでいるとき、△くんがはいはいで近づいてきて、〇くんをじっと見ていました。〇くんも見つめ返してにっこり笑い、△くんに手を伸ばしました。大人との関わりが多い0歳児クラスですが、自然な触れ合いの中で、少しずつ、他の子との関係も広げていきたいと考えています。

ポイント　園ならではの経験のよさを伝えていきましょう。

保護者の相談 — 泣きが激しく、抱っこしても授乳しても泣きやみません

お返事の文例：何をしても泣きやんでくれないと、途方に暮れてしまいますよね。単純な快・不快が理由だった時期を卒業して、〇くんの心も少しずつ複雑になってきているのだと思います。もう赤ちゃんじゃないぞ！というメッセージかもしれませんから、いろいろと新しい方法を試してみるのもいいかもしれません。

ポイント　悩みに共感しつつ、これも成長と捉える視点を。

6か月未満　食事

〔おおむね〕

{ 丁寧な観察と援助を } 離乳食のスタートはおおむね5か月頃とされていますが、食事への関心や咀嚼の発達は個人差も大きいものです。丁寧に観察して、一人ひとりに合った無理のない援助を。

子どもの姿

- **泣くことで、空腹を訴える**。頻度は個人差がある。

- 家庭で母乳だけで過ごしてきた子どもは、哺乳瓶に慣れるまで時間がかかる場合がある。

- 大人や他の子どもが食事をしている様子を見て、口を動かしたり、手を口にもっていったりと、**食べたそうなしぐさをする**。

- 口の中にスプーンが入れられるのを嫌がり、舌で押し出してしまうことがある。

- うまく飲みこめず、口の外に流れ出てしまうことがある。

保育者の関わり

- 月齢が低いほど、授乳の頻度や一回の授乳量の個人差が大きい。時間を決めて授乳する計画授乳は、もう少し月齢が高くなってから取り入れる。

- 持参してもらった母乳は、**できるだけその日のうちに与える**。人工乳も母乳も、哺乳瓶などの器具の衛生面には十分注意する。

- 離乳食の開始を検討する。**最初は一日1回、ひと口ずつ**始め、徐々に量を増やしていく。初期のうちは、ミルクの量を減らす必要はない。

- 金属製のスプーンの、硬く冷たい感触を嫌がる子どもは多いので、**木製やシリコン製で、くぼみが小さいもの**など、素材や大きさを工夫する。柄は長めだと介助がしやすい。

- **子どもの体を少し後ろに傾ける**ようにする。口に入った食べ物が、口の前方から後方へ自然に流れていくように援助する。

授乳のポイント

- 保育者と1対1でゆったりできる場所を確保する。
- 目と目を見交わし、優しく言葉をかけながら行う。
- 冷凍母乳は流水解凍した後、湯煎にかけて人肌まで温める。電子レンジや鍋は使用しない。
- 授乳後は排気（げっぷ）をさせる。背中を強く叩くことは避け、優しくさするように。

こんなときは?!

? 離乳食を始める時期は？

! 生後5〜6か月が目安だが、子どもの様子をよく見てから始める

首がしっかりすわっている、支えてあげると座れる、食べ物に興味を示す、スプーンが口に入っても押し出さないなどが、スタートの目安。おおよそ生後5〜6か月だが、子どもの様子をよく観察しながら進めていきます。

離乳食を進めるポイント
- 一日1回、時間を決めて与える。
- 保育者が見本を見せるなど、子どもが自分から口を開くように援助する。スプーンを無理に口に入れることはしない。
- 初期の目標は、口を閉じて飲みこむこと。おかゆ、ペーストなど、水分が多くすりつぶしたものが飲みこみやすい。

? アレルギー対策は?!

! 新しい食品を始めるときはまず、家庭で試してもらうように

新しい食品を始めるときは、まず家庭で一度試してもらうのがよいでしょう。アレルギー疾患をもっている家族がいる子どもは、離乳食の開始前に医師に相談することをすすめましょう。また、自己判断で除去食を与えることは避けましょう。

重篤な食物アレルギーを引き起こす食品の代表
＜小麦　卵　牛乳　落花生　そば　えび　かに＞

家庭との連携でお役立ち！ おたより・連絡帳に使える文例

保育者より：入園直後、ミルクを受け入れてくれない

文例：今日も50ccしか飲めませんでした。ご家庭でもご心配されていると思い、心苦しいです。〇ちゃんは、授乳の体勢になり哺乳瓶を近づけると泣いてしまいます。乳首の素材や匂いが嫌なのかもしれないので、明日は違う乳首を使ってみます。ご家庭でも、可能でしたら哺乳瓶を使ってみていただけますと、助かります。

ポイント：正直に現状を伝え、家庭の協力を求めましょう。

保護者の相談：離乳食は遅いほうがいいと聞いたのですが……

お返事の文例：アレルギー予防の観点から離乳食を遅らせるほうがよいとする考えもあるようですね。厚生労働省の指針では、離乳食は生後5か月を目安に開始するのが適切であるとされています。〇ちゃんは食事への関心もあり、座る姿勢も安定しているので、アレルゲンの可能性が低い食材であればスタートして構わないと思います。ご家庭でもご検討ください。

ポイント：根拠とともに保育所としての考えを示しつつ、家庭の考えを尊重しましょう。

1章　6か月未満

6か月未満　排泄

おおむね

{ 心の交流も兼ねて }　おむつ替えは大切なコミュニケーションの時間。単なる作業にならないように、優しく声をかけ、目と目を見交わしながら、心の交流もはかりましょう。

子どもの姿

- 少量ずつ、高い頻度で排泄をする。**生後2か月を過ぎる頃には、泣くことで排泄を教えてくれるように**なる。

- **おむつかぶれ**で肌が真っ赤に腫れ、機嫌が悪くなることがある。

- 寝返りをするようになると、おむつ替えが難しくなることがある。

- 首がしっかりすわると、**仰向けから起き上がるときに保育者の指を握らせて**、自分の力で起き上がることができるようになる。

- **便の状態は子どもの健康状態のバロメーター**。離乳食がスタートすると、ペースト状だった便が徐々に形になり始める。

保育者の関わり

- ★ おむつが汚れる度に交換する。**目を見て優しく語りかけ**、清潔になった心地よさを感じられるよう援助する。

- ★ 刺激の少ないおしり拭きを使用し、できるだけ肌をこすらないよう心がける。蒸れもかぶれの原因になるので、肌を清浄したあとはしっかり乾かして、肌に残った水分を飛ばす。

- ★ **しっかりと目を見て、笑顔で優しく言葉をかける**。押さえつけるのは逆効果。おむつ替えが心地よい経験であると理解できれば、子どもも落ち着いて取り組んでくれるようになる。

- ★ おむつ替えは子どもが受け身になりがち。**自分で起きようとする力を引き出す援助**を心がける。保育者の力だけで引っ張ろうとすると、肩やひじの脱臼を引き起こすので注意。

- ★ 便が出た時間、状態、量などを記録し、家庭と共有する。離乳食を進める際の参考にもなる。

おむつ交換の手順とポイント

1. これからおむつを替えることを子どもに伝え、見通しをもってもらう。

2. 準備は事前にすべて済ませる。便が出ているときは、最初におむつの中をのぞいて、必要なものを用意しておく。

3. 汚れを拭き取るとき、強くこすらないように気をつける。汚れがたまりやすい場所は男女で異なる。

4. 足だけを持って体を浮かそうとすると、脱臼の危険があるので、お尻の下に手を入れて交換する。

5. 「きれいになったね」などと声をかけ、心地よさを感じられるようにする。

おむつ替えはコミュニケーションの大切な時間

おむつ替えは、子どもと１対１で関わることのできる、貴重な時間です。目を見交わし、言葉を交わしながら、ゆったりと楽しい気持ちで行いたいものです。気をそらすために玩具を手に持たせるのも、心の交流という観点から考えると少し残念です。おむつ替えが単なる作業ではなく、気持ちがつながり合う豊かな時間になれば、子どもも楽しみにしてくれることでしょう。

おたより・連絡帳に使える文例

家庭との連携でお役立ち！ 使ってみよう

保育者より：心配な便の状態を報告

文例： 今日は、10時、10時30分、10時50分に便が出ました。10時の便は水様便で量が多く、おむつからもれるほどでした。あとの2回は少量ずつでしたが、同じく水様便でした。園では離乳食は控え、水分を多めに与えて静かに過ごしました。○くん本人は元気があり、体温も平熱でしたが、ご家庭でも様子をみてください。

ポイント 時間、量、状態を具体的に伝え、園での対応も報告しましょう。

保護者の相談：おしりがかぶれて、真っ赤に腫れ上がっています

お返事の文例： お父さんのおっしゃる通り、○くん、おしりが痛そうですね。ご心配もよくわかります。園では、こまめにおむつ交換をして汚れが肌にできるだけつかないようにしています。また、便のときは肌をこすらないように、ぬるま湯で洗い流しています。早くよくなるように、私たちも気をつけてケアをしていきます。

ポイント 園でのケアの方法を具体的に伝えることで、保護者の心配も解消されます。

6か月未満 睡眠

（おおむね）

{ 個人差に合わせて } 睡眠の量やリズムは特に個人差が大きいところ。保育所だけでなく、家庭での生活リズムも視野に入れ、一人ひとりに合わせた睡眠を考えます。

子どもの姿

- 新生児期は、2～3時間の間隔で睡眠と覚醒を繰り返す。**生後4か月頃には昼夜の区別がつく**ようになる。

- 起きて動き回っている子どもと、眠っている子どもが同じ部屋で過ごしている。

- 新陳代謝が盛んなため、**睡眠中にたくさん汗をかく。**

- いつも同じ方向に首を傾けて眠っている。

- うまく寝つくことができなくて泣く。目覚めたときにも泣くことがある。

保育者の関わり

- 保育所での睡眠は、**生後6か月頃までは午前と午後の2回が望ましい**。家庭の生活リズムと合わせ、24時間のサイクルで考える。

- **動き回る子どもとはできるだけ空間を分ける。** 分けられない場合は、ベビーベッドを使用したりカーテンで仕切るなどの工夫を。

- **眠っている最中の着替えは避けたい**ので、背中や首、頭の後ろなどにタオルやガーゼを当て、汗をかいたら取り替える。
  ※顔が埋もれて窒息しないように注意。

- **左右の対称性を高める**ため、クッションやタオルを丸めたものなどを使って、首の傾きを補正する。
  ※顔が埋もれて窒息しないように注意。

- **眠りやすい姿勢や入眠の儀式、優しく体をマッサージ**するなど、一人ひとりに合った援助を心がける。

睡眠リズムの発達

6か月未満の乳児は、一日のうち、13〜16時間を眠って過ごします。睡眠は子どもにとって、休息という役割だけでなく、脳や体をつくるために大変重要です。成長に欠かせないホルモンが分泌されるためには、質のよい眠りをたっぷりととることが必要なのです。そして質のよい眠りを可能にするのは、起きているときの活動の質でもあります。24時間の生活リズムを視野に入れながら、一人ひとりに合った睡眠の環境を整えていきましょう。

眠るときの環境 チェックポイント

 布団の近くに玩具を置かない。

 顔色が観察しにくくなるような、暗い環境は避ける。

 柔らかすぎない寝具を使用する。寝返りをするようになった子がうつぶせになってしまったときに、鼻や口をふさがないようにするため。

 布団などで温めすぎない。

 両手は布団から出しておく。子どもが手を動かして、布団が顔を覆うのを避ける。

 エアコンや扇風機の風が直接体に当たらないようにする。

睡眠チェックについて（SIDS対策）

SIDS（乳幼児突然死症候群）は、生後2〜4か月の子どもに最も多く起こるといわれていますが、1歳を過ぎても油断は禁物です。保育所では睡眠チェック表を用い、5〜15分おきに一人ひとりの子どもの呼吸、表情、発汗状況を観察し、記録します。目視だけでは十分ではないため、必ず体に触れて確認しましょう。入眠直後と、体調が万全でない子どもには、特に注意が必要です。

おたより・連絡帳に使える文例

家庭との連携でお役立ち！

 眠れなかった日について

保育者より

文例：今日はうまく眠りに入れなかったようで、午睡時は抱っこでいました。抱っこでゆらゆらしていると安心するようで、指をしゃぶりながら気持ちよさそうにしていました。入園当初に比べて随分重くなったなあと成長を感じ、〇ちゃんとじっくり関わることができて嬉しい日でした。

 ポイント 我が子が大切にされていると感じられるような文章を目指しましょう。

 夜泣きが続いてつらいです

保護者の相談

お返事の文例：お母さんも眠れなくてたいへんですね。夜泣きはそのうちおさまるから気長につき合いましょう、とよく言いますが、お仕事もありますし簡単ではありませんよね。夜泣きの原因ははっきりしないようですが、園でも〇くんの様子に注意し、体調やあそびなどで変化がありましたらすぐにご報告するように心がけます。

 ポイント 保護者の苦労に寄り添いつつ、園でできることを伝えましょう。

おおむね 6か月未満 着脱・清潔

{ 清潔の心地よさを大切に }　きれいになると気持ちがいい、ということを、子どもが実感できるような援助、言葉かけを心がけます。

子どもの姿

- 吐乳、発汗、食べこぼし、排泄の汚れなどで、一日に何度も着替えをする。

- よだれの量が多い子は、スタイが常に濡れている。

- 拳をなめたり、指しゃぶりをしたりと、**手が口の中に入ることが多い。**

- 玩具を口の中に入れて遊び、**探索する**ことが多い。

- 沐浴を楽しみ、水の中で手足をばたつかせて喜ぶ。温かい水の心地よさを味わう。

保育者の関わり

- ★ **下着と服は重ねて袖を通しておく。** 袖口から大人が手を入れて子どもの手を迎えに行き、指がひっかからないように注意しながら腕を袖に通す。

- ★ **スタイのこまめな交換を心がける。** 湿度が高い季節はカビが発生することもあるので注意する。

- ★ 手の中に布団のほこりなどを握っていることもあるので、**こまめに手のひらを拭いて清潔にする。** また、授乳や食事の前には濡れタオルで手をぬぐい、手洗いの習慣につなげていく。

- ★ 玩具を口に入れたら、汚いからと取り上げるのではなく、**口を使った探索活動を十分に保障する**ことが発達の援助になる。玩具の消毒は毎日行う。

- ★ 沐浴時は**体をガーゼで覆う**と不安感が軽減する。沐浴前には必ず**検温を行い**、健康状態を把握する。**授乳後の沐浴は避ける。**

清潔の習慣

清潔の心地よさを味わえる援助のポイント

- おむつ替え、着替えの際に、「きれいになったね」「気持ちがいいね」などと声をかける。
- 授乳時、離乳食時に、ぬるま湯で濡らしたガーゼで顔と手を優しくぬぐう。
- 蒸し暑く汗をかく季節は、沐浴やシャワーで汗を流す。
- 新陳代謝が盛んな乳児期は、体調をみながら沐浴をする。汗や汚れがたまりやすいくびれ部分のケア（首、肘、ひざ裏など）を丁寧に。
- 手が口に入ることが多いので、手のひらを広げてこまめに拭く。

肌への負担が少ない衣類

新陳代謝が盛んな時期なので、吸湿性と通気性のよい衣類を選びたいものです。仰向けで寝ている時間が多い赤ちゃんは、服の縫い代や背中部分のしわ、タグでさえ、不快の原因になるので気をつけましょう。おすわりやはいはいができるようになると、活動量も増えるので、上下が分かれた服のほうが動きやすくなります。

 こんなときは？!

❓ 子どもの衣類の目安は？

❗ 「大人より1枚多め」から「大人と同じ」に

新生児期〜生後3か月くらいまでは、体温調節機能が未熟なので、大人より1枚多めに着せてあげましょう。寝返りやはいはいが始まる4〜9か月頃は、大人と同じか、1枚少なめに。1歳前後になると、大人とほぼ同じ体温調節ができるようになってくるので、積極的に薄着をすすめましょう。

おたより・連絡帳に使える文例

家庭との連携でお役立ち！ 使ってみよう

1章 おむつ 6か月未満

 保育者より 着替えの用意をお願いする

文例：今日はベビーカーに乗って公園までお散歩に行きました。蝶や散歩中の犬に手を伸ばしていました。帰ってから沐浴をし、着替えてさっぱりした顔をしていました。暑くなってきて、汗をかくことも多くなってきましたので、着替えを一組多めにご準備ください。

 ポイント 家庭に何かを依頼したりお願いしたりするときは、必ず理由を添えて。

 保護者の相談 授乳のあと、げっぷをさせずに寝かせて大丈夫？

お返事の文例：〇くん、確かにげっぷが出にくいですね。園でも、飲みながら寝てしまうことがあります。できるだけ飲んでいる途中で眠ってしまわないように働きかけていますが、眠ってしまったときは少し背中を高くしたり、顔を横に向けてミルクが喉に詰まらないようにして、注意して観察するようにしています。

 ポイント 「大丈夫です」と安易に回答しないようにしましょう。

保育室の環境について

6か月未満（おおむね）

安心感やくつろぎを考えた環境に

食事は食事コーナー、あそびはあそびコーナー、と用途に応じて室内を区切るようにします。「ここに来れば食事が始まる」と見通しがつくのは、子どもの安心感につながっていきます。広いスペースをとったほうがよいと考えがちですが、保育室は何よりも安心感やくつろぎを優先したいもの。体を動かすあそびには戸外やホール等を使うなど、メリハリをつけた環境づくりを心がけるようにしましょう。

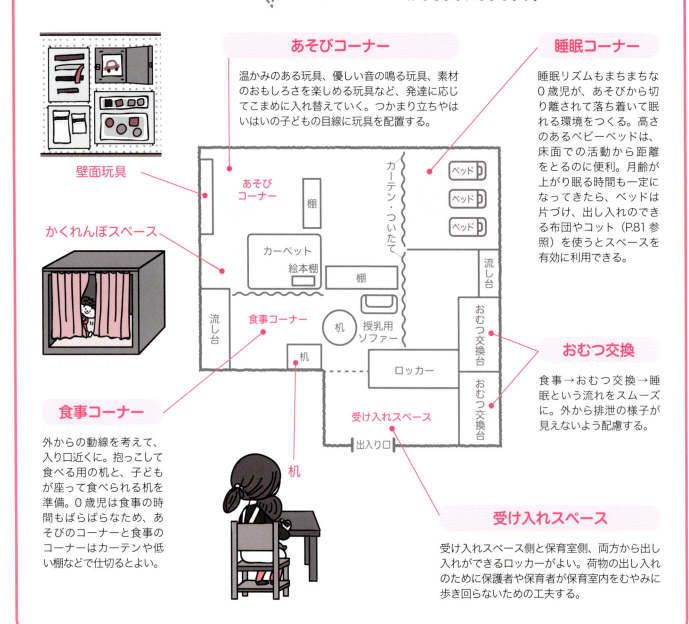

壁面玩具

かくれんぼスペース

あそびコーナー
温かみのある玩具、優しい音の鳴る玩具、素材のおもしろさを楽しめる玩具など、発達に応じてこまめに入れ替えていく。つかまり立ちやはいはいの子どもの目線に玩具を配置する。

睡眠コーナー
睡眠リズムもまちまちな０歳児が、あそびから切り離されて落ち着いて眠れる環境をつくる。高さのあるベビーベッドは、床面での活動から距離をとるのに便利。月齢が上がり眠る時間も一定になってきたら、ベッドは片づけ、出し入れのできる布団やコット（P.81参照）を使うとスペースを有効に利用できる。

食事コーナー
外からの動線を考えて、入り口近くに。抱っこして食べる用の机と、子どもが座って食べられる机を準備。０歳児は食事の時間もばらばらなため、あそびのコーナーと食事のコーナーはカーテンや低い棚などで仕切るとよい。

おむつ交換
食事→おむつ交換→睡眠という流れをスムーズに。外から排泄の様子が見えないよう配慮する。

受け入れスペース
受け入れスペース側と保育室側、両方から出し入れができるロッカーがよい。荷物の出し入れのために保護者や保育者が保育室内をむやみに歩き回らないための工夫する。

2章

おおむね

6か月
～1歳3か月未満

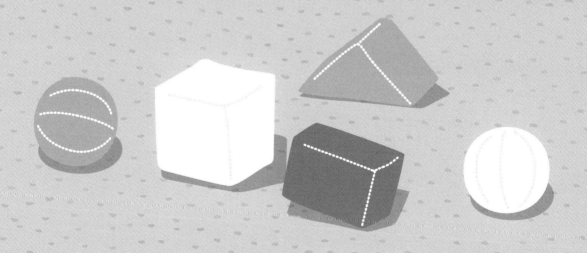

座る・立つが可能になるとともに、物・人への働きかけも活発になります。
特定の大人を安全基地として少しずつ人との関わりを広げていきます。

6か月〜1歳3か月未満 運動機能（粗大）

（おおむね）

{移動空間が広がる} 腹ばいからはいはい、つかまり立ちから歩行へと移動手段が広がります。体を動かすことの楽しさを味わえるように環境の保障をしていきましょう。

子どもの姿

- （7か月頃）腹ばいになり、手のひらで上半身を支え、目で見たものに手を伸ばして取ることができる。

- （9か月頃）一人で座れるようになり、**座った姿勢でも両手が自由に使えるよう**になる。

- （10〜11か月頃）四肢を左右交互に交差させ、調整して前進することができ始めるようになる。

- （11〜12か月頃）階段を四つばい、高ばいで上り下りすることができるようになる。

- （1歳2か月頃）**円滑な二足歩行が可能に**なり始める。移動のときには、自分から立ち上がって歩きだし、歩き続けることができるようになる。

保育者の関わり

- 子どもが見つけたものを、子ども自身が手を伸ばしたり、移動して取れるようにし、**保育者が先取りしないようにする。**

- **感触の異なったものを用意し**、探索活動を充実させる。ただし、用意するものは安全で清潔を保てるものとする。

- 歩かせることは急がず、保護者にも見通しを示しながら、**はいはいの経験を多く重ねて**いけるようにする。

- 斜面の上り下りや重さを付けた箱押しなど、**下肢や足指を使った活動**をあそびの中で取り入れる。

- 散歩に出たときには**道草を大切にし**、様々な発見ができるようにする。また、**広い場所やでこぼこのある場所**を選択する。

発達を促すあそび

はいはい
10か月頃になると高さを探ったり、深さ、奥行き、裏の発見をし、見通しがわかり始めます。ロールクッションや大きな箱、段差や斜面などを利用してたっぷりはいはいを楽しみましょう。

箱押しあそび
つかまり立ちから伝い歩きをし始めると、箱を押して歩くことを楽しめるようになります。方向転換や障害物があるとうまく進めないこともありますが、発達に応じて環境を整えてあげるとよいでしょう。

※箱は重さを調整してひっくり返らないように注意しましょう。

お散歩
12か月頃になったら、戸外でのお散歩もよいでしょう。何に対しても興味がある時期なので、何にでも手を伸ばす姿が見られます。危険のないように十分に見守りながらも、可能な限りは触れ合わせていきましょう。

運動機能に関する用語

保護進展反応

倒れたり、転びそうになったときにとっさに手を出す動作を「保護進展反応」といいます。別名「パラシュート反応」ともいいます。

こんなときは?!

? はいはいを嫌がり、座っていることを好む

! 機嫌がよいときに体を動かしたくなるあそびに誘いましょう

機嫌のよいときにあそびに誘うことがポイントです。無理に誘ったり、訓練的な援助になったりしては逆効果。子どもが笑顔で、思わず体を動かしたくなる雰囲気づくりが大切です。

おたより・連絡帳に使える文例

家庭との連携でお役立ち！ 使ってみよう

2章 おおむね6か月～1歳3か月未満

保育者より：はいはいを楽しむ姿

文例：担当保育士が声をかけると、マットのお山をはいはいで上ってくるようになりました。また、長い廊下を保育者と「マテマテあそび」をしながら、たっぷりはいはいしています。保育園では体を動かすことを大切にしていますが、それ以上に〇くんが楽しんで活動できるように工夫しています。

ポイント：園で子どもたちが笑顔で過ごせている様子を伝えましょう。

保護者の相談：お家の中でははいはいをあまりしません……

お返事の文例：園でもご家庭でもはいはいの機会を保障していきたいですね。〇くんはお母さんが大好きなので、少し先から「おいで」と呼んだり、大好きな遊具を見せてあげるなど、あそびの中で働きかけるといいですね。また、食事のときテーブルまではいはいで移動するなど、日常の中で機会を意図的につくってみてください。

ポイント：その後の家庭での様子も聞くとよいでしょう。

{ おおむね }

6か月〜1歳3か月未満　運動機能（微細）

{ 手指活動が巧みに }　腹ばいで胸が上がったり、座位の獲得ができたりすることで、手指を使ったあそびが活発になります。適切な遊具を用意し、活動の保障をしていきましょう。

子どもの姿

- （8か月頃）立体的なものを親指と中指の2本でつまむときに、人さし指が加わり **3本の指で物をつまむ** ようになる。

- （10か月頃）大人がやってみせると真似て、左右それぞれの手に積み木などを持って、**正面で打ち合わせる**。

- （11か月頃）**小さいものを親指と人さし指でつまみ**、穴に入れることができるようになる。

- （1歳1か月頃）積み木を自分の手元の器から相手の器に2〜3個入れて分けることができるようになる。

- （1歳3か月頃）手を **左右に往復したり、クレヨンなどを持たせると、上下に動かして描く** ことができるようになる。

保育者の関わり

- ★ **探索を充実させる遊具**（引っ張る、つまむ、握る、出し入れする、打ち合わせるなど手首や指先を使うもの）を豊富に用意する。

- ★ 遊具の打ち合わせや出し入れなどのあそびがしやすいように、**保育者は正面から働きかける**。

- ★ **小さい遊具は誤飲の原因になる**。テーブルを用意し、保育者の見守りのもと安心して一人あそびができるようにする。

- ★ **容器への移し替えができるよう**、道具（お皿と積み木）をそろえて、一人あそびができるような環境を整える。

- ★ **握りやすいペンと大きな紙** を用意し、腕を大きく動かして、操作することを楽しめるようにする。

発達を促すあそび

引っ張り出しあそび

ティッシュペーパーや引き出しの衣類など空っぽになるまで引っ張り出しては大人を困らせることもしばしば。そこで、ミルク缶を使った手作り遊具を用意してもよいでしょう。

音鳴らしあそび

はいはいをしたとき、偶然に手があたって「カランコロン」と音がしたときなど、子どもは大発見をしたように目を輝かせます。「もういっかい！」と繰り返し、手や手首、指先を使って遊ぶことを楽しみます。

感触あそび

手指の操作が巧みになってくると、目に入るものにどんどん手を伸ばします。様々な素材のものを用意し、感触の違いや「同じ」を十分に味わえるようにしましょう。

運動機能に関する用語

定位的操作

物の位置を定めて、置いたり、積んだり、渡したりといった物の操作のことを示します。積み木などを持って、正面でカチカチと打ち合わせてみると、同じように大人の動作を真似て子どもが積み木を打ち合わせる様子も定位的操作のひとつです。

こんなときは?!

？ 机上あそびの姿勢が安定しない

！ あそびの空間をまず見直して

小さな積み木や穴落としなどの一人あそびの際に、椅子を用意すると、カタカタと落ち着かず、なかなか椅子に座ってくれないことがあります。そんなときは立った姿勢で、手元の操作ができるよう、机の高さを調節し、あそび空間を保障してみましょう。足底をしっかりと床につけると、手元も安定し、じっくりと遊ぶことができる場合があります。

おたより・連絡帳に使える文例

家庭との連携でお役立ち！

保育者より：一人ひとりのあそび空間の保障について

文例： 手先が器用になってきて、小さな遊具も使えるようになってきました。そこで園では一人ひとりがじっくり机上あそびができるよう、あそび空間を保障しています。足底をしっかりと床につけて遊べるよう机や椅子の高さを調節することで体が安定し、集中でき安心して遊べています。

ポイント： 個々を大切にした保育の工夫や関わりを紹介するとよいでしょう。

保護者の相談：新しいおもちゃもすぐに飽きてしまいます

お返事の文例： 園ではかまぼこ板にフェルトを貼った「色板積み木」やペットボトルに色のついた水を入れたウォーターボトルなどの「手作り遊具」を使っています。積み重ねたり、並べたり、転がしたりと、多様に使えるので、子どもたちは自分で様々なあそびを思いつき、長く遊んでくれています。お迎えのときに紹介しますね。

ポイント： 園でのあそびや遊具を紹介する機会に。

2章 おおむね6か月〜1歳3か月未満

> おおむね

6か月〜1歳3か月未満　認知・言語

{ 初語が出始める }　「マンマ」「ブーブー」などの初語を出すことができるようになります。大人もやりとりを楽しみましょう。

子どもの姿

- 自分が欲しいものがあるとき、そのことを**視線、発声や表情の変化で表現**し、身近な大人に伝えようとする。

- **視野を覆っている布を手で取れる**ようになり、声を立てて喜びを表現できるようになる。

- 「マンマンマン」「ナンナンナン」など**意味を伴った音声**が出始める。話しかけるとそれに応じて受け答えもし始める。

- 自分の名前が呼ばれるとわかるようになったり、「パパ」「ママ」などの**初語**が出てくる。

- 「マンマ」「チャーチャン」「ワンワン」「ブーブー」などの**2つ重ねの音声**が特徴。

保育者の関わり

★ 子どもの思いを先取りせず、子ども自らが発信してくるのを待つ。**言葉が話せなくても丁寧に言葉で返す。**

★ **保育者が十分に遊んでみせ**、興味をもって子どもが自ら遊び始めるきっかけをつくる。

★ **保育者が笑顔で話しかけたり、優しい声で歌いかける**などして言葉での関わり合いを豊かにしていく。

★ 初語が出始めると何度も呼びかけたり、「ハーイ」と返事をしたがるので、**可能な限り応えてあげる**ようにする。

★ 口の筋肉、呼吸、噛む力を高めるため、**吹くあそびを十分に行う**など、発語に伴う機能を高めていく。

発達を促すあそび

いないいないばあ

布や大きなウレタン積み木、鏡などを使って「いないいないばあ」で視野のさえぎりを楽しみます。大切なのは「ばあ」と共感してくれる大好きな大人の存在です。繰り返し遊ぶ中で、「ばあ」と顔が見えることをあらかじめ期待して待つようになります。

鏡あそび

鏡の中に自分が映っていると覗きこんだり、別の人を鏡の中に見つけると、鏡に手を伸ばしたり、後ろ側を確かめたりします。そのあと、周りの大人を振り返るなどのあそびを繰り返し、自他を区別する力が芽生えていきます。

「どっちに入っているかな？」あそび

お手玉や手のひらに収まるほどの遊具を用意し、「どっちかな？」と握った両手を差し出します。指さしたほうを開いて見せて、遊具が入っていれば「あったね！」、入っていなければ「ないね」という単純なあそびですが、子どもは何度も楽しむでしょう。

指さしで思いを伝えるようになったときの関わり方

「あれが欲しい」「あっちに行きたい」と自分の気持ちを指さしによって表現し、思いを訴えるようになってきます。まずは「これが欲しかったの？」「お外に行きたいのね」などと、子どもの意思の確認をしてあげましょう。すぐに対応してあげられるときにでも、自己表現のための「間」をつくってあげることが大切です。

家庭との連携でお役立ち！ おたより・連絡帳に使える文例

保育者より：指さしは思いの表れ

文例：食事の際に指さしをして、自分で食べたいものをお皿の中から選ぶようになっています。違うものをスプーンですくうとイヤイヤも言うようになりました。好き嫌いは大人の立場からすると困ることもありますが、完食だけにこだわらず、楽しい食事の時間の中で、たっぷりと自分の思いを出せるようにしていきたいと思っています。

ポイント：行為の意味を、保育の中の姿から伝えていくようにしましょう。

保護者の相談：思うようにいかないと長泣きするように……

お返事の文例：自分の気持ちを伝えられるようになってきましたね。だからこそ要求が通らないと泣いて感情表現しているのでしょう。家事などもあり、すぐには応えてあげられないときがあるのは当然です。そんなときには「○○が終わるまで待ってね」など言葉で返してあげてください。伝えることで安心して待てるようになっていきます。

ポイント：子どもを肯定的にみることができるアドバイスを。

6か月～1歳3か月未満　自我・社会性

（おおむね）

{ 人見知りが出る }　知っている人と知らない人の見分けがつくようになります。社会性の育ちと捉えましょう。

子どもの姿

- **大人の後追いや、夜泣き**といった不安感を表す姿が見られるようになる。

- **人見知り**をするが、援助があればもう一度相手を見るといった気持ちの立ち直りが見られる。

- バイバイをすると手を出して振るようなしぐさをするなど、**大人や友達の模倣**が始まる。

- （8～9か月頃）叱られたことが**大人の表情や言葉からわかり始める**。

- （1歳1か月～1歳3か月頃）要求が通らないときに**駄々をこねる姿**がみられ始める。切り替えは難しい時期。

保育者の関わり

- **子どものそばに寄り添い、安心感を与える**ことが重要。担任同士で協力し合い、大人の動きを整理していくことが大切。

- 新しい人と向き合うときは、**親しい人が抱っこするなどして不安にならないように配慮**してあげる。

- 保育者や友達への関心がみられる時期なので、**一つひとつのしぐさや行為に丁寧に応じて関わりを広げる**。

- **してほしくないことをしたときには、言葉で伝える**。大きな声でなくとも表情や雰囲気で子どもは感じ取ることができる。

- **子どもの、言葉にならない思いを保育者が言葉にし**、子ども自らが思いに気づけるよう援助する。

発達を促すあそび

マテマテあそび

この時期はただただ歩くことが楽しい時期。大好きな大人に向かって歩き、次第に「マテマテ」と追いかけると、笑い声を立てて逃げる姿も見られ始めます。

やりとりあそび

ボールやお手玉など子どもが手に持っているとき、「ちょうだい」と言って両手を差し出すと、持っているものを手渡してくれるようになります。その際に「ありがとう」と言葉を添えてやりとりを行うと、交流する楽しさが培われます。

触れ合いあそび

「♪いっぽんばし」などのわらべうたで体に触れたり、くすぐったりして、触れ合いあそびを取り入れてみましょう。しぐさを真似て一緒にリズムや言葉を繰り返すことで、人との関わりを楽しむ活動となります。

こんなときは?!

? 人見知りがひどく、後追いする

! 子どものそばから離れるとき、ひと声かけるように

人見知りや後追いが強まる「8か月不安」といわれるこの時期。母親や担当の保育者が近くにいないと不安になり泣き始めます。そんなときは、まず子どものそばを離れる前に「○○してくるから、待っていてね」とひと声かけましょう。また、用事を済ませて戻ってきたら「ただいま。待っていてくれてありがとう」と伝えましょう。気持ちを受け止められることで、不安が解消され、不在を受け入れられる力が育まれます。

家庭との連携でお役立ち！ おたより・連絡帳に使える文例

保育者より：人見知りが出てきた子どもへ、園での配慮

文例：見分ける力がついてきて、人見知りが出てきましたね。園では、無理のない範囲で他のクラスの先生と関わる機会ももつようにしています。その際は必ず担任が傍らにいて、安心できるよう配慮しています。そうすることで、手を振りタッチをするなど人見知りを乗り越えようとする成長が見られるようになってきました。

ポイント　園での手立てや、子どもの成長を知らせることが大切です。

保護者の相談：朝の後追いがつらいです

お返事の文例：朝のお別れのときに涙で後追いされると心配になられることでしょう。しかし、いってらっしゃいをしたあとは、しばらくすると気持ちを切り替えて遊び始めています。もうしばらく様子を見ながら、園では不安を少しでも軽減できるよう、朝の受け入れはできるだけ同じ保育者が行えるように配慮しますね。

ポイント　保護者の思いに共感し、安心させてあげられるようにしましょう。

6か月～1歳3か月未満 食事

{ おおむね }

{ 離乳食が進む } 離乳食が始まり、幼児食に向けて進む時期です。様々な食材に慣れていきましょう。

子どもの姿

- **(6か月頃) 離乳初期食**が始まる。支え座りができるようになり、授乳のリズムが3時間半～4時間程度になる。

- 唇をしっかりと閉じ、舌の上下運動とあごの上下運動で、**歯ぐきで食べ物をすりつぶして食べる**ことができるようになる。

- 生活で使う道具がどんなときに使うのかがわかり始める。**自分でスプーンを持ちたがり**、こぼしながらも自分で食べようとする。

- **1歳前後には前歯が上下各4本生え**、合計8本になる。

- コップを持って飲もうとしたり、自分でエプロンを着けようとしたりするなど、食事の際の行為に積極的に関わることができるようになる。

保育者の関わり

- ひざの上に抱いて食べる際には、**口元が見えるように、また腹部を圧迫しないように**抱き方に気をつける。

- 舌や唇の動きや、姿勢など一つひとつの段階が十分にできているかを見極めたり、**保育者が口を動かして見せ、模倣を高めたり**していく。

- **手でつまんで食べられるものはつまんで食べやすいように切り方など工夫**し、自分で食べたい欲求を満たしていく。

- 早い時期に歯が生えている場合には、虫歯予防のために**食後にお茶を飲む習慣や、就寝前の歯磨き**が必要になる。

- **子どもが使いやすい食具を用意する**など、自分でやりたいという意欲や行動を大切にして、援助していく。

食事の関わり方のポイント

姿勢

椅子へ移行する時期は、歩行が始まり、足底を床につけて、支えられなくても15分程度姿勢が保たれているかなど、総合的に判断します。椅子の高さが子どもに合わない場合は、背もたれや足置き（バスマットなどを使用するとよい）を利用して、姿勢が保たれるよう補助するとよいでしょう。

食具や調理方法

スプーンですくいやすいよう、縁に立ち上がりのあるお皿を使用したり、すくいやすい形態に調理したりする（おじやなどとろみのあるものや、スプーンにのせやすいような大きさにカット）などの工夫をすると、自分で食べようとする意欲や行為が育まれます。

握りやすいスプーン

握力が弱いうちは、スプーンの持ち手に少し厚みがあると握りやすいでしょう。また、口に入るボウル部分は子どもの口幅の3分の2程度の広さのものが取り込みやすく、ちょうどひと口大の食事を取りこめる大きさといえます。

フォローアップミルクについて

離乳食が始まった際、まだ食事だけでは栄養を十分に摂取できないときに与える栄養補助のためのミルクのことを「フォローアップミルク」といいます。離乳食が順調に進んでいて、子どもが欲しがらなければ必ずしも必要なものではありません。使うときには、あげるタイミングなど見計らうようにしましょう。

おたより・連絡帳に使える文例
家庭との連携でお役立ち！

保育者より：食欲がぐんぐん増しています

文例：離乳食も進んできて、自分から手を伸ばして食べ物に興味が膨らんできているようです。園での食事の際も、担当保育士がエプロンを着けて食事の準備を始めると声を立てて喜んだり、はいはいで食卓までやってきます。危険がない範囲であれば配膳なども見せてあげるようにしています。

ポイント：食べる・食べないだけではない視点を保護者に伝えましょう。

保護者の相談：危なくて目が離せません

お返事の文例：触ってほしくないものも興味があると手を伸ばしますよね。そんなときは「エプロン着けて待っててね」「お椅子に上手に座れるかな」など、やってほしい行為について具体的に伝えてみてはどうでしょう。禁止ばかりでなく、できること、やって褒められる行為を毎日の中で積み重ねられるよう、園でも声かけをしています。

ポイント：すぐに真似できるような具体的な言葉かけを記述しましょう。

6か月〜1歳3か月未満　排泄

{ おおむね }

{ おむつがはずれる前に }　1対1でのスキンシップができるおむつ交換。しっかり声かけをして関わりを楽しみましょう。

子どもの姿

- おむつ交換の際に、上がった両足を子ども自身が持つなどして**自ら交換してもらおうとする姿**が見られる。

- おむつ交換を嫌がり寝返りをしたり、泣きだす姿が見られる。

- 尿の間隔が長くなり、**眠っている間は排尿しないこともある**。

- **トイレに座らせる**と偶然、排尿できることがある。

- 夏の暑い時期や、目覚めているときには布パンツで過ごすこともある。

保育者の関わり

- 大人が一方的に行為を進めるのではなく、**子どもとともに行為を行っている意識をもつ**ことが重要。

- おもちゃを持たせるなど、気をひきながらの交換は好ましくない。**優しく声をかけるなど気を落ち着かせて交換**をする。

- **歩行が安定し、座った際に足裏が床につく**状況であれば、午睡明けなどに、便器に座らせてみる。

- トイレに座らせたときには**必ず保育者がそばについて、言葉をかける**。出たときは子どもとともに確認することも大切。

- **布パンツは動きやすく脱ぎはきしやすい**ものがよい。寒い時期は尿の回数が多いので、無理せずにおむつで過ごすようにする。

子どもの主体性が育まれる関わり方

おむつ交換を行う際に、「ゴロンしようね」「お尻を上げて」などと言葉をかけることで、子ども自身が足の裏をついて腰を浮かせたり、大人の指をつかんで起き上がったりするようになるでしょう。交換するのは大人の仕事ですが、子どもが一緒に参加できるようにすることで、協同作業となり、主体性が育まれます。

布おむつと紙おむつの選択について

布おむつは子どもが濡れた感触がわかりやすいため不快感を示し、大人が排泄に気づきやすく、おむつ交換を通してスキンシップが増え、大人との1対1の関わりが多くなります。紙おむつは洗濯などの手間が少なく、数回の尿を吸収するため、おむつ交換の頻度が少なく、濡れてもズボンまで濡れることが少ないので、シーツやカーペットを汚す心配も少ないといえます。活動内容や経済状況に合わせて、子どもにとって心地よい状況をつくることを考えた選択をすることが大切です。

こんなときは?!

? おむつかぶれがひどいとき

! スキンシップを取りながら、こまめにおむつの交換を

おむつかぶれは清潔にすることが一番です。おむつ交換の際は、お尻を洗ってあげるか、霧吹きや蒸しタオルなどで拭きます。大切なのは、スキンシップを取りながら、皮膚の状況を確認し、こまめにおむつ交換をしてあげることです。処置が早ければ重症化しないので、手間を惜しまないようにしましょう。

おたより・連絡帳に使える文例

家庭との連携でお役立ち！ 使ってみよう

保育者より：おむつ交換は1対1のスキンシップの時間

文例：園ではなかなか一人ひとりとじっくり関わる時間がとれないのではと心配されるかと思いますが、実はおむつ交換が1対1のスキンシップタイムです。おむつ交換をしながら、声をかけたり、マッサージをしています。子どもたちは「おむつ換えようね」と呼ぶと喜んではいはいしておむつ交換台へ来てくれます。

ポイント：育児行為の一つひとつを丁寧にすることの意味を伝えましょう。

保護者の相談：布おむつと紙おむつ、どちらがいいのでしょうか

お返事の文例：園では布おむつを使っていますが、シーツやカーペットを汚す心配から、何度もおむつを確かめたり、濡らしてしまうたびにイライラするようでは子どももお母さんもストレスです。紙おむつだから大丈夫！と放置しておくということは避けて、スキンシップや関わりが穏やかにできることを優先に選んでいただきたいと思います。

ポイント：安心して子育てできるようアドバイスしましょう。

6か月〜1歳3か月未満　睡眠

おおむね

{ 午睡の回数が減る } 午前睡、午後睡と2回のお昼寝から、昼食後の1回の午睡へと変わります。たっぷり活動を保障し、生活リズムを整えていきましょう。

子どもの姿

- 日中の睡眠が減ってくるとともに、眠りが浅くなり始める。

- （8か月頃）日課が安定し始め、夜間10時間余りの睡眠が取れるようになり、**午前睡と午後睡、夜間の3回睡眠**が安定する時期。

- **（10か月頃）午前睡と午後睡の2回睡眠の**リズムが安定してくる時期。

- 1歳を超えても午前中にまだ眠くなる子どももいる。

- クラスの中に1回睡眠の子どもと、2回睡眠の子どもがいる場合があり、眠っている子どもの環境の保障が難しいことがある。

保育者の関わり

- 午睡時にも十分に眠れるような、静かで安心できる環境を保つように、**ベッドの位置やクラスの日課を検討する。**

- 午前や夕方の睡眠は眠りすぎると生活リズムが整えにくくなってしまうので、**30分を目安に起こしてあげるとよい。**

- 食事も3回食へと進み、活動時間が十分に取れるようになるので、**たっぷり遊び、眠り、楽しく食事ができるよう**配慮する。

- 眠くなるときには無理して起こさず、**30分ほど睡眠を取らせてから起こし**、次の活動が十分に行えるようにする。

- 1歳児クラスと連携し、**寝ている子の静かな環境と、起きている子の活動が保障されるように**協力する。

自立睡眠ができるようになるために

睡眠は個々の子どもによって様々です。早く寝かせようとせず、子どもが心地よく布団に横になって休息がとれる環境づくりを行いましょう。「おやすみなさい」と声かけをし、必要以上に体を揺すったり、叩いたりせず、可能であれば近くで見守るか、そっと体に触れる程度にし、安心できる雰囲気づくりを心がけましょう。

睡眠に関する用語

午前睡・午後睡

乳児期は夜間の睡眠のみでは睡眠時間が十分ではないため、お昼寝が必要となってきます。その際に午前中に眠るのが「午前睡」、午後に眠るのが「午後睡」と呼ばれます。お昼寝は夜の睡眠の補助的な役割の他、生活リズムの定着、体力の回復、病気の予防、ストレスの解消など様々な意味合いがあります。

こんなときは?!

❓ 眠るまで時間がかかる

❗ 起きている時間の活動を振り返ってみましょう

なかなか眠ってくれない子どもとの出会いは、保育者の大きな悩みのひとつといえるでしょう。そんなときは、一緒に組んでいる担任の先生に悩みを相談しましょう。眠らせることよりも、眠りたくなる環境づくりと、起きている時間の活動の保障に視点を向けることが重要です。

おたより・連絡帳に使える文例

家庭との連携でお役立ち！

使ってみよう

2章 おおむね1歳3か月未満6か月〜

保育者より：休息と活動のバランスの大切さ

文例：気持ちよくお昼寝できるよう、クラスでは起きている時間に楽しい活動づくりを大切にしています。広いホールではいはいしたり、散歩で園庭探索をしたり、手指を使っておもちゃで遊んで、体も脳もたっぷりと活動します。そうすることで、心地よい疲労感が生じて、お昼寝を気持ちよく迎えるようです。

ポイント　できない姿ではなく、できそうなことを提案することが大切です。

保護者の相談：抱っこでないと眠りません

お返事の文例：園でも抱っこを要求して泣くことがあります。そんなときは優しく体に触れてあげてください。少し根気が必要ですが、毎日重ねていくうちに、そばにいるだけで安心なんだと感じられるようになります。一人で眠れるようになるということも大切な成長なので、ゆっくり構えながらも、子どもを信頼して見守ってあげましょう。

ポイント　心の余裕をもてるようにアドバイスできるといいでしょう。

おおむね 6か月〜1歳3か月未満　着脱・清潔

{ 感染症に気をつける }　探索活動が盛んで、何でも口に入れる時期です。楽しく活動し、健康に過ごせるよう、環境に配慮しましょう。

子どもの姿

- （8か月以降）全身活動は、はいはいがずりばいから**四つばい**に発展し、移動の自由が確定する。

- **感染症**にかかりやすく、発熱などの症状が出やすい時期。

- 沐浴時にシャワーを嫌がったり、沐浴槽に入ることを不安がることがある。

- **自分でズボンなどをはきたがる素振り**が見られるようになる。

- 手を拭いたり、顔を拭く際に、自分から手を差し出したり、目をつぶって**行為に参加しようとする姿**が見られる。

保育者の関わり

- 動きが活発になるので、**活動しやすい上下に分かれた服装**にし、体温調節がしやすいよう、薄手のものを重ね着するようにする。

- **玩具の消毒や点検、床掃除をまめに行う**。保育者の手洗いなどにも十分に配慮して行う。

- 月齢や個人の状況に合わせて、**座位やつかまり立ち**でシャワーを行い、安心して沐浴ができるようにする。

- **椅子を用意し、ズボンに足を通す、前を引き上げるなどの方法を知らせ**、自分でできた実感を積み重ねられるように援助する。

- 清潔にすることも大切だが、**きれいにすることを心地よいと感じる**ことが大切。行為に言葉を添えて、丁寧に行うようにする。

発達を促す関わり方のポイント

動きやすく、着脱しやすい服を選ぶ

上下がつながっている衣類は子どもの動きの妨げになるので、上下が分かれた服で、柔らかい素材、ウエスト部分がゴムになっているものなどを用意しましょう。

手順をいつも同じに

手洗いや衣類の着脱はいつも同じ手順で行うことで、子どもにとって見通しがもてるようになります。大人が同じ手順で伝えることで、習慣化しやすくなります。家庭と園で連携し、担任間でも共通にするとよいでしょう。

大人がモデルとなる関わりを

片づける場面など、大人が「見ていてね」と見せる経験をたくさん行うとよいでしょう。また、着脱は大人と子どもが向かい合って行うことで、子どもに大人の手元を見せ、確かめながら援助することができます。

靴を選ぶときのポイント

乳児期は骨が柔らかいので外からの影響を受けやすいため、靴によっては足の形が変わってしまうことがあります。靴はこまめにチェックし、子どもの活動に合ったものを用意するようにしましょう。

チェックポイント

 子どもが脱ぎ履きしやすいものになっているか

 甲の高さに合わせて調節ができるか

 洗える素材であるか

おたより・連絡帳に使える文例

家庭との連携でお役立ち！

保育者より：園での着替えの様子

文例：着替えや手を拭くときなども園では同じ手順で行います。こうすることで、行為の見通しがもて、「手を拭こうね」と声かけすると自分から手を出すなど、一緒にやろうとする主体性も見られるようになりました。違ってもやり直す必要はありませんが、大人が意識的に援助することで、「自分で！」という気持ちを育てていきたいと思っています。

ポイント　保護者にも子どもの成長を見る視点を伝えていきましょう。

保護者の相談：靴を履くのを嫌がります

お返事の文例：お家で履かせている靴はどのようなものですか？脱ぎ履きがしにくいと痛いだけではなく、自分でできないことへのもどかしさも感じるようです。また、「すぐに大きくなるから」とサイズの合わないものを履かせるのも、歩きにくさや心地悪さにつながります。園におすすめの靴があるので、紹介しますね。

ポイント　園と家庭で一緒に悩みを解決する雰囲気を大切にしましょう。

6か月〜1歳3か月未満　保育室の環境について

（おおむね）

月齢や発達の差がある子どもたちみんなが安心して過ごせる空間

はいはいや箱押し、伝い歩きなど、一人ひとりの発達に合わせて体を動かして遊べるように広い空間を保障し、廊下やテラスなどの利用も取り入れるとよいでしょう。月齢や発達に差がある子どもたちみんなが安心して過ごせるような空間づくりを目指しましょう。

活動場所を区切って遊ぶ
はいはい〜歩行開始の子どもたちが一緒に過ごす空間なので、時間帯によっては活動場所が区分できるようにベビーサークルを利用して工夫するとよい。

壁面玩具
壁面やロッカーの背面を利用して、壁面玩具を取り付けることで、立ったりしゃがんだりして様々な姿勢で遊べるように配慮する。

休息スペース
部屋の隅には、ソファーやジャンボクッション、カーペットなどを利用して、家庭的で落ち着いて過ごせる空間をつくることで、くつろいで、休息することができる。

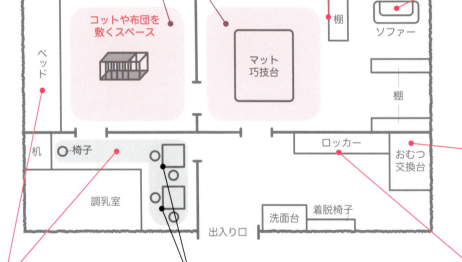

おむつ交換台
おむつ交換の際は子どもも大人も周囲に気をとられず、安心して行為に向かえる空間を保障する。

食事と睡眠コーナー
寝る空間、食べる空間を分け、子どもがその場所に行くことで、自分が行う活動を理解でき、見通しをもつことができるようになる。

椅子に座ってじっくり遊ぶ
食事コーナーの机や椅子を利用して、椅子に座ってじっくりと一人あそびができる空間を保障する。

ロッカー
登降園時に人の出入りが多くなっても、保育室のあそびを邪魔しないよう、ロッカーの配置を工夫する。

3章

> おおむね

1歳3か月 ～2歳未満

歩行で行動範囲が広がり、活動がさらに活発になります。
大人に自分の思いを伝えたい欲求も強まり、身振りや片言で伝えようとします。

おおむね 1歳3か月〜2歳未満　運動機能（粗大）

{ 歩行が確立する }　歩くことを楽しみ、探索活動が活発になっていきます。安全面に気をつけ、楽しい活動を保障していきましょう。

子どもの姿

- **歩行が円滑になり始め**、移動のときには自分から立ち上がって歩きだすことができる。

- 歩いて物を運んだり、玩具の車を押して動かす。また、ボールを足で前に蹴ることができる。

- 直線的に進むだけでなく、途中に障害物があれば、**方向転換して目標に達する**ことができる。

- **速く・ゆっくり**など、調整しながら歩けるようになる。

- **物をまたぐ、斜面・段差の上り下り、跳ぶ**など、周囲の環境の変化に応じて体を動かすことができる。

保育者の関わり

- ★ 十分に歩くことの保障ができるよう、**安全で歩きやすい空間（ホールや廊下など）**での活動を行う。

- ★ **手に提げられるバッグや、物が入れられる程度の段ボール箱**を用意し、様々な歩く活動ができるように道具の準備をする。

- ★ **危険がない程度の障害物（ジャンボクッションやマットなど）**を準備し、歩行の発達を促すことができる環境を整える。

- ★ 安全面には十分配慮し、**散歩や戸外でのあそびを日常的に取り入れ**、安心して遊べるようにする。

- ★ 散歩に出た際などには、**道草を大切**にし、様々な発見や探索ができるようにする。

発達を促すあそびと道具

ジャンプあそび

その場で両足をそろえてぴょんぴょん跳んだり、小さな段差から飛び降りて遊ぶことを楽しみます。15cmほどの高さをマットや大型積み木で作ってあげると繰り返し遊ぶことができます。

追いかけあそび

はいはいを楽しんだマットの斜面や巧技台のすべり台にボールを転がして遊びます。また、広いホールや廊下で大人がボールを転がせば、「マテマテ」とボールを追いかけるあそびも楽しむことができるでしょう。

段差・斜面あそび

歩行が安定してきたら、斜面や階段を上れるようになってきます。危険がないように近くで大人が見守れば、90cm程度の高さのすべり台など楽しんで遊ぶでしょう。

 こんなときは?!

? 姿勢保持が難しくて、すぐに机に伏せてしまう子がいたら

! あそびの中で姿勢が保てる体づくりを

体幹部（体幹）の育ちが十分でないことが原因と考えられます。体幹部とは胴体のことをいい、腹ばいでの活動やはいはい、箱押しあそびなどをすることで、背筋が育ち、安定した姿勢を育てることができます。姿勢を注意するのではなく、楽しいあそびの中で、姿勢が保てる体づくりを行っていくとよいでしょう。

おたより・連絡帳に使える文例

家庭との連携でお役立ち！ 使ってみよう

保育者より：歩き始めこそはいはい

文例：随分歩くのも上手になって、楽しくて仕方ない様子です。こんな時期だからこそ園では、はいはいや箱押しなど、体や足指の蹴りを使った、楽しいあそびを取り入れています。巧技台の斜面も両足の指をしっかり使って上れるようになっています。この力がしっかりとした歩行の足取りを育んでくれると感じています。

ポイント 成長発達を急がず、丁寧に土台づくりをすることの大切さを。

保護者の相談：歩き始めが他の子より遅いのでは……

お返事の文例：周りのお子さんと比較をすると気になるのは当然ですね。しかし○くんはとても活発で「おいで」と声をかけると、笑顔ではいはいをして来てくれます。マットの山も、ジャンボクッションもなんのそのです。しっかり下肢が育っているので、歩き始める頃には安定して歩行ができると思います。その日が楽しみですね。

ポイント 不安に寄り添いながら、園での子どものすてきな姿を伝えましょう。

3章　〜2歳未満　おおむね1歳3か月

1歳3か月～2歳未満　運動機能（微細）

> おおむね

{ 指の動きが巧みになる }　物をつまむ、並べる、積み重ねる、などの活動ができるようになります。発達に合った遊具を準備しましょう。

子どもの姿

- 積み木を3個以上積み上げられ、崩れると自分から積み直すことができる。

- つまんだ物を小さな穴に調整しながら入れることができるようになる。

- 貼ってある紙やシールをはがし、別の場所に貼り替えることができる。

- Vサインや腕組み、指組みなどが、**左右どちらの手でもできる**ようになる。

- 瓶や容器のフタをねじって回すなど、**指先の細かな操作が可能**になる。

保育者の関わり

- 一人ひとりの活動の保障ができるよう、遊具は十分に準備し、**すぐに手を貸さず、できたときにはしっかりと褒める**。

- **様々な大きさや長さのつまめる遊具**を一定量（15～20個程度）準備し、繰り返し満足いくまで遊べるようにする。

- **1対1や、2～3人の小集団であれば製作活動も可能**になってくるので、シール貼りなどの活動を準備する。

- 指の動きが巧みになってきて、模倣もできるようになるので、**簡単な手あそびやわらべうたあそび**を行う。

- 手首をねじる活動は意識的に行わないと保障できないので、**プラスチック製のボルトとナットや、フタ付きの容器**などを準備し、活動を保障できるように配慮する。

発達を促すあそび

穴入れあそび

容器に準備した遊具を別の容器に全て移し替えては「ない」「いっぱい」と空っぽになったことや、全部入れ終えたことを知らせてくるでしょう。数的な感覚にもなるあそびです。

並べ積みあそび

1歳半を過ぎると、3〜5個くらいの積み木を「もういっこ」と慎重に積もうとする姿が見られるようになっていきます。一人あそびがじっくりできる環境と遊具を用意してあげましょう。

転がし回しあそび

リングやボール、容器などを大人が手首を返して床や机でクルクルと回すと、その様子に気づきじっと見たり、真似しようとします。手首をひねるあそびは意識的に行わないと保障しにくいので、容器のフタ開けなど、できる遊具なども用意してあげるとよいでしょう。

こんなときは?!

❓ 一つのあそびの集中時間が短く、長続きしない

❗ 落ち着いて遊べる雰囲気づくりも考えてみましょう

好きなあそびが見つかっていないのかもしれません。また、興味や関心がたくさんあるのだと捉えましょう。大人が見守り声かけすることで、安心して遊べる雰囲気をつくることが大切です。

おたより・連絡帳に使える文例

家庭との連携でお役立ち！ 使ってみよう

保育者より 手作り遊具で遊ぶ姿

文例：容器にペットボトルのフタが入るほどの丸い穴をあけて、そこにペットボトルのフタを2つ組み合わせビニールテープで留めたものを20個ほど用意し、穴入れあそびをしています。100円均一ショップで手に入るものと廃材利用なので、とても手軽に作れます。どの子も「もういっかい」と手指を使って集中して遊んでいます。

ポイント 手作りできる遊具の紹介で、家庭でも楽しく遊べるアイデアを。

保護者の相談 遊んだあとの片づけができず、部屋が散らかっています

お返事の文例：遊ぶのが大好きな子どもたちなので、片づけもあそびに変えてしまいましょう。箱を押して「車に荷物を乗せてください」と押して歩けば、「じぶんも」と箱を押し始めるでしょう。片づけはたくさんあるとうんざりしてしまうので、一つのあそびが終わるのをそばで見守り、その都度、声かけしていくとよいでしょう。

ポイント 子育ての中に楽しさを見出すアイデアを提案してみましょう。

3章 〜2歳未満 おおむね1歳3か月

1歳3か月〜2歳未満　認知・言語

（おおむね）

{ 言葉の数が増える }

自分から使える言葉は2歳までに300語程度に増えます。言葉でのコミュニケーションを楽しめるよう、一つひとつの行為に言葉を添えてたくさん関わりましょう。

子どもの姿

- 親しみのある物に対し**発声して指さし**をしたり、音声（ワンワン・ブーブーなど）とその対象（犬・車など）とが対応してくる。

- 保育者を真似て歌おうとしたり、手を叩いたり、全身でリズムをとる。

- たくさんの絵の中から聞かれたものを探し出し、見つけて指さす。

- 自分から使える言葉の語尾を上げ下げして、**自分の意思や疑問を表す**ことができるようになる。

- 2歳頃には語彙が300語前後に増え、**二語文**が出始める。

保育者の関わり

- **子どもの発見を先取りせず**、子どもから発信があれば「あ、犬がいたね」「車が通ったね」など**言葉で応答**していくことが重要。

- **日常的に歌を歌ったり、一緒にリズムあそび**などを行うことで、言葉の獲得を促したり、やりとりを楽しむ。

- **絵本を用意したり、壁面に身近な果物や動物の絵を貼ったりする**などして、子どもの指さしを促すことができる環境を整える。

- 子どもが言語で表現してきたことに対し、「お花が咲いてるね」「あっちへ行きたいの？」と言語でやりとりする。

- 言葉でのやりとりが爆発的に増えていく時期なので、**使ってほしくない言語は大人が意識的に使わないように**気をつける。

認知の発達を促すあそび

構成あそび

1歳半を過ぎると型はめあそびもできるようになっていきます。初めはカチカチ鳴らしたり、うまく入らなくてすぐに飽きてしまうこともありますが、いつでも挑戦できるように手が届くところに置いておくとよいでしょう。

数的なあそび

箱やカバンにお手玉をギュウギュウに入れたり、容器から全部出して空っぽにしたり。これも楽しいあそびです。「いっぱい入ったね」「全部なくなったね」と言葉を添えてあげましょう。

感触あそび

小麦粉粘土や片栗粉、寒天なども感触あそびに活用できます。アレルギーに気をつけて、賞味期限切れのものなどを活用すると、安心で楽しいあそびができます。

言葉に関わる用語

二語文

一語文に使われる語彙が300語くらいに増える2歳頃になると、登場するのが二語文です。それまでに蓄積した語彙を使って、2つの単語から成る二語文を話すようになってきます。

言葉の爆発期

突然、子どもが言葉をたくさん話し始める時期のことです。言葉の爆発期に入ると、語彙数が一気に増え、二語文や三語文を話すようになり、会話や意思表示が成立するようになります。

家庭との連携でお役立ち！

おたより・連絡帳に使える文例

3章 おおむね1歳3か月〜2歳未満

保育者より　お散歩では指さしいっぱい

文例：お友達とお散歩に出かけると、近所の犬に出会ったり、畑仕事をしているおじさんに挨拶したり、実った柿の実に気づいたり。興味があるものがいっぱいです。「あっあっ！」と一人が指させば、他の子も「あった！」と指さしが始まります。いいものを見つけると周りの人にも伝えたいという気持ちが育ってきているようです。

ポイント　友達との関わりも積極的に伝えていきましょう。

保護者の相談　他のお友達のように言葉が出ないのですが…

お返事の文例：きっとお家ではお母さんと気持ちがつながっているので、声で知らせる必要がないのかもしれませんね。例えば、ベランダから鳥が飛ぶのが見えたら「あ、鳥さんね」と先に言ってしまわず、〇ちゃんが知らせてくれるのを少し待ってあげてはどうでしょう。伝えたいことがあふれてくるのを待って、やりとりを楽しみましょう。

ポイント　後日、子どもの様子の変化についても聞いてみましょう。

> おおむね

1歳3か月～2歳未満　自我・社会性

{ 自我の芽生えと育ち }　「じぶんで！」と主張する姿が出てきます。「いやいや」や「駄々こね」も発達の姿のひとつと捉えましょう。

子どもの姿

- 呼ばれると「はい」と答える。また、自分の持ち物と友達の持ち物を区別し、**自分の持ち物に執着**する。

- 「じぶんで」と**主張する自我**が芽生え始める。一方で自分の意思が通らないと、駄々こねの姿が見られるようになる。

- 友達と並行あそびができるようになる中で、**遊具の取り合い**など、けんかが多くなる。

- 友達と手をつないだり、**順番を待つ**ことができるようになる。

- 見立て・つもりが出始め、**再現あそび**などを楽しむ。

保育者の関わり

- ★ 朝の集まりやあそびの中で**名前を呼んだり、持ち物にマーク**を付けたりして、自分と他者をより認識できるようにする。

- ★ **「どっちがいいの？」「自分で選んでごらん」**といった選択肢を与えられることで、駄々こねから気持ちの立て直しができるような関わり方を心がける。

- ★ **お互いの思いを言葉で代弁**し、不安や悲しみが大きくならないように援助する。同時に、解決の仕方や関わり方を知らせていく。

- ★ 手あそびやお散歩の際など、友達と手をつなぐ機会を設けたり、**順番や交代が必要な場面をつくり**、経験を重ねられるようにする。

- ★ 簡単なごっこあそびができるように、カバンやエプロン、皿やコップを用意し、**生活再現あそびを大人も一緒に楽しむ**。

見立て・つもりあそび

「乗り物大好き」 見立て・つもりあそび①

子どもは乗り物が大好きです。箱の中に入って「ブッブー」と運転したり、ジャンボクッションにまたがって足指で蹴って前進するなどして、「車に乗ったつもり」で遊びます。「いってらっしゃい」「気をつけてね」と手を振ってあげると、あそびがさらに楽しくなります。

「あ〜おいしい」 見立て・つもりあそび②

お皿にお手玉を入れて運んできたり、スプーンを口元まで運んでくれて食べるように催促したり……。子どもは自分がしてもらっていることをあそびの中で再現します。「まあ、おいしそう」「熱いからフーフーしてね」など、イメージを広げてあげると喜んであそびを繰り返します。

こんなときは?!

靴を履くときに手伝いを拒む子がいたら

できるところは子どもに任せて

自分でやりたい気持ちの表れです。全部手伝ってもらうのが嫌なのです。できるところは子どもに任せて見守ってあげましょう。子どものほうから手伝ってのサイン（視線やしぐさ）を見逃さず、「一人で足を入れられたね」とできたことをしっかりと褒めてあげるようにするとよいでしょう。

社会性に関する用語

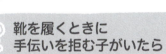

並行あそび期

友達と同じようなあそびを近くでしていても、「一緒」に遊んでいるわけではありません。それぞれが一人ひとりのあそびを楽しんでいます。とはいえ、全く無関心というわけではなく、お互いの様子は無意識にでも感じていて、よい影響を与え合っている時期です。

おたより・連絡帳に使える文例

家庭との連携でお役立ち！ 使ってみよう

保育者より
お友達とのけんかが見られるようになってきました

文例：お友達と遊具の取り合いが見られるようになってきました。これまでは別のものを渡せばけんかにはならなかったのですが、今は自己主張してお互いにゆずらなくなってきました。自分の気持ちをしっかり出せることはよいことと捉え、「〇ちゃんも使いたかったね」と思いを言葉にして共感するようにしています。

ポイント マイナスに見える行為にも発達の姿があることを伝えましょう。

保護者の相談
何でも「イヤ」と言うので困っています

お返事の文例：「じぶんで！」がはっきりと出てきた成長の証ですね。時間がかかってイライラすることもあるかもしれませんが、できるだけ子どもに任せて見守ってあげてください。そして、「手伝って」のサイン（言葉やしぐさ）があれば、さりげなく手伝ってあげてくださいね。「やりたい」気持ちを大切にしていきましょう。

ポイント 否定的な言葉の裏にある子どもの思いを伝えましょう。

> おおむね

1歳3か月〜2歳未満　食事

{ 様々な食材に触れる }　乳歯が奥歯まで生え、噛み切った食材をすりつぶして飲みこむことができます。様々な食材に触れさせてあげましょう。

子どもの姿

- 乳歯は全部で **12〜16本** になる。

- **食事をするときの口の動きは、舌を回しながら噛むようになる。**

- **スプーンを持って食べようとしたり、コップを持って飲もうとする。** また、エプロンを自分で着けることができる。

- スプーンの使い方が上手になってくると、器に手を添えて食べることができるようになる。

- 促されると苦手なものでも食べようとする。

保育者の関わり

- ★ 奥歯ですりつぶすことも可能になるので、根菜などの**少し硬い食材を準備して様々な食材に慣れるように**する。

- ★ 食事の援助の際に、咀しゃくの様子を観察し、「モグモグ」「カミカミ」と噛むことができるよう、大人がやってみせたり声かけをする。

- ★ **テーブルにエプロンを用意したり、取っ手の付いたコップを準備**するなどして、子どもが自分で準備や食事に参加できるようにする。

- ★ スプーンの握り方は「**上手（うわて）持ち**」を知らせ、**食べ物のすくい方やひと口の量を丁寧に伝える**ことで、しっかりと噛んで飲みこめるようにする。

- ★ 苦手な食材を食べないからといって出さないのではなく、**大人が食べてみせたり、少量をすすめたりする。**

食事に関わる育みたい力

自己行為

1歳半頃から自我が芽生えてきます。「じぶんで」の思いが膨らむ時期です。スプーンを持ちたがったり、食べたいものを指さしたりしますので、そうした思いも大切にしながら、子どもがつまんで食べられるようなスティック野菜などを用意してあげるとよいでしょう。

マナー

まだできないからと省略せず、「いただきます」「ごちそうさま」などの食事の挨拶は子どもと一緒に行いましょう。無理やり子どもの手を取って合わせさせる必要はありません。大人がやってみせることで十分ですし、次第に真似をするようになります。できたときにはしっかりと褒めてあげましょう。

咀しゃく力

ひと口量を大人が見極め、口に入ったら「モグモグね」「カミカミしようね」と大人も口を動かしてあげましょう。飲みこむ前に次の食べ物を口に運ぶことは避けましょう。

こんなときは?!

食べ物が口にたまる子がいたら

口に入れる量から見直しを

口の中に入れる量が多すぎたり、根菜類など噛み切りにくいものが口の中に残っていたりすることがあります。離乳食が始まるとどんどん食べてほしいと思いますが、まだまだ成長発達の途中です。慌てず、丁寧に食事を進めていきましょう。

おたより・連絡帳に使える文例

家庭との連携でお役立ち！ 使ってみよう

保育者より：幼児食へ移ります

文例：ご家庭でも食べられる食品が増えてきているようなので、幼児食へと進めようと考えています。葉野菜を嫌がることもありますが、お出汁で炊いたものやお味噌汁の中の柔らかいものであれば食べているので、口当たりなのだと思います。嫌がる食材も、大人が食べてみせるなどして慣らしていきたいと思います。

ポイント：見通しをもって進められるようにアドバイスしましょう。

保護者の相談：食べ物を吐き出してしまいます

お返事の文例：吐き出す食材は決まっていますか？またひと口の量が多すぎることはありませんか？園ではちょうどよいひと口量を心がけたり、苦手なものは少量ずつ摂取できるように配慮しています。口腔内もまだまだ成長発達の途中です。噛み切れなかったり飲みこみにくいものがないかどうか、観察してあげることから園と一緒に始めましょう。

ポイント：漠然とした悩みを具体的に解決していけるように。

3章 〜2歳未満 おおむね1歳3か月

1歳3か月〜2歳未満　排泄

おおむね

{ 排泄する気持ちよさを感じる } 個人の様子や季節などにも考慮して、トイレトレーニングを始めます。大切にしたいのは、子どもが「気持ちいい」と感じられるように大人が関わることです。

子どもの姿

- 午睡明けなどにはおむつが濡れないことが増え、**排尿間隔が長くなる。**

- おむつにおしっこやうんちが出ると**「でた」と知らせる**ことができるようになる。

- おしっこやうんちが出てから知らせる段階から、**出る前に知らせる**ことができ始める。

- おむつ交換や着替えの際には、子ども自らが歩いてロッカーやおむつ交換台へ向かうようになる。

- トイレに座るようになり、**時には排尿や排便がトイレでできるようになる。**

保育者の関わり

- ★ おむつが濡れていないときには、**トイレに誘い、便座に座ることに慣れさせていく。**

- ★ おむつ交換のときには、たくさん出たことや着替えることの気持ちよさを感じられるよう、優しく声かけを行う。

- ★ 排尿間隔を大人が把握しておき、**知らせられるようになったことを褒め**、状況に応じてトイレに誘う。

- ★ 子どもが自ら交換台へ行ったり、自分の衣類を準備できる機会をつくる。**主体的な行動が出たら「ありがとう」などの声かけ**を行う。

- ★ 排尿感覚を子ども自身が感じられるように、**排泄する音に気づかせたり**、「気持ちよかったね」「いっぱい出たね」と声かけをする。

トイレトレーニングを進めるタイミング

夏場

歩行が活発になる時期です。おもらししても掃除がしやすい環境であったり、脱ぎ着がしやすい夏場であれば、布パンツで過ごす時間を設けてもよいでしょう。おむつよりも股関節を動かしやすいので、運動発達の助けにもなりますし、着脱の練習にもつながります。

午睡明け

午睡明けにおむつが濡れていないことが増える時期です。そんなときはトイレに誘ってみましょう。トイレは明るく清潔にしておくことが大切です。出なくても焦らず、まずは便座に座るのに慣れることから始めましょう。出たときはしっかりと褒めてあげることが重要です。

こんなときは？！

？ トイレに行くことを嫌がる

！ 無理させず、機嫌がよいときに誘ってみましょう

無理は厳禁です。「行かないとお兄ちゃんになれないよ」などの言葉かけは、子どもの自尊心を傷つけます。機嫌がよく、安心してトイレに座ろうとするときに始めればよいのです。また、冬場の寒い時季より暖かい時季のほうが取り組みやすいでしょう。

？ おもらし、おねしょが多い子への関わり方

！ 排尿や着替えに心地よさを感じられるような関わりを

まだ膀胱が育っていないのかもしれません。一定時間、尿をためられるようになるのには個人差があります。おもらしやおねしょがあったときには、「いっぱいおしっこが出て気持ちよかったね」「着替えてさっぱりしようね」と排尿することや着替えることに心地よさを感じられる関わりをしてあげましょう。

家庭との連携でお役立ち！ おたより・連絡帳に使える文例

保育者より：トイレトレーニングのスタートをすすめる

文例：午睡明けにおむつが濡れていないことが増えてきました。起床時に機嫌がよく、誘った際に嫌がらなければ、トイレに座っています。まだ始めて数回ですが、時々トイレで排尿できるようになっています。「シー出たね」と声をかけるととても喜んでいます。お家でも時間があるときに始めてみてはどうでしょう。

ポイント どんなときが始めるタイミングかを伝えます。

保護者の相談：おねしょが多くて心配です

お返事の文例：まだ一定時間、おしっこをためられるほどの膀胱が育っていないのだと思います。しかし、個人差があるので心配はいりません。おねしょを失敗と考えず、排尿することや着替えることが気持ちよいと感じられるように「きれいになったね」と声かけをしてあげてくださいね。おむつを使うことは決して悪いことではないですよ。

ポイント 子どもとのよい関係づくりができるアドバイスを。

3章 おむつ 1歳3か月～2歳未満

1歳3か月〜2歳未満　睡眠

おおむね

{2回から1回の午睡へ}　午前や夕方の午睡が不要になり、1回の午睡が定着していきます。生活リズムを整えていきましょう。

子どもの姿

- **睡眠時間の合計が12時間半〜13時間半程度**になり、1回の目覚めている時間が5時間に達する。

- 午前中や夕方に眠くなる子どももいる。

- 午睡はほぼ1回、2〜3時間となる。

- 午睡前にパジャマなどに着替えたり、布団に足から入り、眠る準備をすることができる。

- 睡眠時間には個人差がある。

保育者の関わり

★ 起きている時間の活動を十分に保障し、**睡眠時には心地よい疲労感と安心して眠れる環境**を準備する。

★ **眠くなった際には無理して起こさず、30分程度睡眠をとらせ**、起床時の活動を十分に保障する。

★ 園で眠る際には遮光カーテンなどで**暗くしすぎず**、話し声や起床している子どもたちの活動場所に配慮して環境を整える。

★ 1回睡に定着してきたら、生活リズムにめりはりをつけるためにも、パジャマや着替えなどを準備し、**子ども自身が眠る準備を主体的に行えるように**する。

★ 個人差が大きいので、**就寝時間を早めたり、午睡時間を調整するなどして**、一人ひとりに応じたこまやかな配慮をしながら、生活リズムを一定にしていく必要がある。

自立睡・自立起床に向けて

安心して眠るために

お昼寝の際には高さのあるベッドでなければ、自分でお布団まで移動し、ゴロンとお布団に横になれるよう促してみましょう。眠る前から睡眠への準備が始まります。お布団は気持ちのよい場所、安心できる場所と感じられることが大切です。お布団を敷いたり、コットを置く場所など、できるだけいつも同じ場所に敷いてあげるとよいでしょう。

寝る前の準備、起きてからの着替え

睡眠時の体温調節のために、衣類を脱いだり着替えたりすると思います。その際の行為も午睡への導入です。毎日同じ時間に食事をとり、食後には着替えをしてお布団へ行く。こうした見通しが体も心も睡眠へと向かわせます。また、起きてからの活動への見通しもこめて、起床後に着る服の準備もできるところは子どもが行うとよいでしょう。

睡眠に関する用語

コット
午睡の際に一人ひとりの布団を敷く低い簡易ベッド。床の清拭（せいしき）などが難しい時間帯でも清潔に布団を敷くことができ、また子ども一人ひとりの空間を保障できます。

家庭との連携でお役立ち！ おたより・連絡帳に使える文例 〈使ってみよう〉

眠れる環境づくりについて
保育者より

文例：午睡ができないときは、他の眠っているお友達を起こさないように、静かに過ごせるように空間を用意しています。絵本やお絵描きをしてしばらくすると自分から布団に横になっています。朝の起床時間を15分くらいずつ早くできると、午睡もスムーズに眠れるかと思いますので、一緒に取り組んでいきましょう。

ポイント　具体的な園での手立てを伝え、家庭にも協力をお願いしましょう。

布団を敷くと遊び始めてしまいます
保護者の相談

お返事の文例：就寝までの時間の過ごし方を振り返ってみてはどうでしょうか。食事の時間からテレビは消して、食後は入浴を済ませ、少しずつ照明を暗くしていきましょう。TVだけでなくスマートフォンやタブレットの使用も避けましょう。絵本を1・2冊読んであげてから、お布団に横になると、少しずつ体が就寝に向かっていくと思います。

ポイント　環境のつくり方を具体的に伝えましょう。

3章　〜2歳未満　おおむね1歳3か月

おおむね 1歳3か月～2歳未満　着脱・清潔

{ 自分で着脱をしようとする }　自分の持ち物がわかるようになり、ズボンなどは自分ではきたがります。着脱台や椅子などを準備して自立の援助をしましょう。

子どもの姿

- 「じぶんで」と着脱行為に参加し、自ら行おうとする。

- **歩行がしっかりし始めたら、椅子に座ってズボンをはく**ことができるようになる。

- 2歳頃になると、ズボンをはく際に、手伝う相手の肩に手を置き、**立ったまま片方ずつの足を上げてはく**ことができるようになる。

- スナップや面ファスナー、ファスナーやボタンなど、大人の様子をよく見て、**自分でもやってみようとする**。

- **自分のものと友達のものの区別**がつき、外出時には自分で帽子や靴を用意する。

保育者の関わり

- ★ **脱ぎ着しやすい服、靴の形**など家庭と連携をとりながら、子どものやる気を助けられるようにする。

- ★ 子どもが自分でズボンをはきたいという素振りが見え始めたら**椅子を用意**し、足を通したり、前を引き上げるなどの方法を伝える。

- ★ 立ったままズボンがはけるよう肩を貸し、片足立ちを支えるなどしてはき方を伝えていく。

- ★ **着脱は大人と子どもが向かい合って**行うことで、子どもが大人の手元を見やすいようにするなどの配慮をする。

- ★ 外出の準備など全て大人がやってしまわず、**子どもの手が届くところに帽子や靴箱を設置**するなどして、身辺自立の芽生えを援助する。

発達を促すポイント

はながかめるように

口を閉じて鼻から息を出せるようになると、はながかめるようになります。「お口を閉じてフンッてしてごらん」「チーンするよ」と大人がやってみせると真似をしたり、偶然にできるようになったことを繰り返しする中で獲得していきます。

帽子がかぶれるように

帽子を渡すと頭にのせようとしたり、目深にかぶれるようになります。初めは嫌がっていても、戸外に出るときの習慣として繰り返し続けていれば、「お外に行くよ」の声かけで自分から帽子を手に取ったり、かぶって準備を始めるでしょう。前後ろがわかるようにワッペンやボタンなどで目印を付けてあげるのもよいでしょう。

こんなときは?!

❓ 顔を拭くのを嫌がる子

❗ 顔を拭くことを心地よいと感じられるように

顔を触られるのを嫌がったり、拭かれるのを嫌うのは、嫌な経験をしたことがあるからです。鼻を拭かれて痛かったとか、タオルが冷たすぎたり熱かったりした経験がないでしょうか。心地よいと感じられれば嫌がることはなくなります。優しい声かけと丁寧な関わりで、子どもの心地よさを大切にしましょう。

❓ 服にこだわりがある子

❗ 子どもの思いを大切にしましょう

好き嫌いがはっきりとしてきた証です。どうしても着替えてほしいときは、「こっちとこっちはどっちが好き?」など子ども自身が選べるようにしてあげると、スムーズに着替えられることがあります。子どもの思いを大切にして関わるとよいでしょう。

家庭との連携でお役立ち！ おたより・連絡帳に使える文例

使ってみよう

保育者より：午睡後の顔拭きについて

文例：午睡明けに顔の清拭を嫌がる子が出てきました。担任で話し合い、温かいタオルを用意することにしました。すると、自分で顔をゴシゴシ拭いたり、気持ちよさそうにする姿が増えてきました。体を清潔にすることは自分を大切にすることにつながると考えています。気持ちよい環境や道具を用意してあげたいと思います。

ポイント：丁寧な保育の手立てや道具を伝えましょう。

保護者の相談：同じような服を着たがります

お返事の文例：好き嫌いが出てきたのですね。一人ひとりの個性が見え始めています。園では、こういう傾向が友達と遊具の取り合いなどにつながることもあります。そんなときは、2つの選択肢を提示して、「〇くんは、どっちがいいかな？」と自分で選べるようにしてあげると、気持ちを切り替えやすいようです。

ポイント：園で行っている工夫を具体的に伝えましょう。

3章 おおむね1歳3か月〜2歳未満

1歳3か月〜2歳未満　保育室の環境について

（おおむね）

一人ひとりのあそびを保障でき、室内でも粗大あそびができる空間

一人ひとりのあそびを保障でき、室内でも粗大あそびができる環境があるとよいでしょう。子どもがどのコーナーで遊んでいても保育者の目が届き、子どもと目が合うことで安心して遊べるように、死角がないように配慮することが大切です。

動的なあそびの空間

歩くことが楽しい時期なので、いつでも体を動かすことができるよう、広いスペースをつくる。けがや事故がないよう、死角ができないように気をつける。

静的なあそびの空間

小さい遊具や手指を使ったあそびを行う際に、安全に落ち着いて遊べる空間を保障する。生活再現あそび（ままごと・お世話あそび）のコーナーは遊具の種類が多くなるので、部屋の角に設置することで、遊具が散らかりすぎず、子どもも落ち着いて遊びやすくなる。

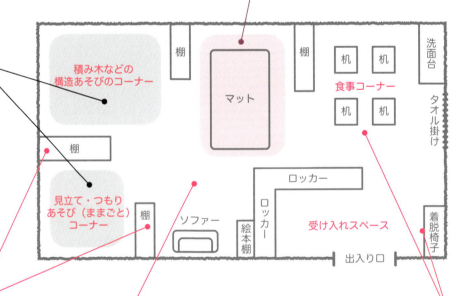

コーナーをつくる

室内の棚は子どもの視線からはきちんと区切られていて、保育者からは死角がなく、全体を見渡すことができる高さにするとよい。

フリースペース

フリースペースをつくることで、少人数での集団あそび（リズムあそびやわらべうたあそび）を行うことができる。

食事・着脱

食事や着脱などを行うスペースはいつも決まった場所にすることで、子ども自身が見通しをもって生活行為に向かえるようになる。

4章

おおむね

2歳

言葉ではっきりと意思を伝えられるようになります。できることも増え、自分のことを自分でしたいという気持ちや主張も強まります。

2歳 運動機能（粗大）

（おおむね）

{ 体の調整力獲得 }　歩く、走る、跳ぶなどの基本的な運動機能が発達し、あそびや音楽・リズムを通して体を思い切り動かしたり、調整したりすることができるようになります。

子どもの姿

- 床に敷いたマットの上で、**ゴロゴロ転がっ**たり、**トンネルの中をはいはい**したりして、**体全体を使って遊ぶ**。

- **ゆっくり歩いたり速く歩いたりできる**ようになり、自分の体を思うように動かし、調整する。

- **音楽やリズムに合わせて**体を揺らしたり、手や足でリズムをとる。

- **走ることができる**ようになり、保育者や友達と追いかけっこを楽しむ。

- **両足をそろえてジャンプする**ことができるようになる。

保育者の関わり

- ★ 芋掘りのあとに「おイモみたいにゴロゴロ転がれるかな」などと、他の活動に合わせて展開する。

- ★ 「ウサギ」は両足でジャンプ、「カニ」は両手をチョキにして横歩きなどのように表現して、**楽しく体を動かせるようにイメージを大切にする**。

- ★ 体の発達や興味・関心に応じて、様々な音楽やリズムに触れられる機会をつくる。**体全体を動かせるような、音楽やリズム**を選択する。

- ★ 園庭や公園の広場などで、オオカミ役になるなどして、子どもを追いかけたり、「ヨーイドン」と一緒に走ったりして遊ぶ。

- ★ ヘビに見立てた縄跳びの縄を跳び越えたり、低い台を用意して飛び降りたりする経験を通して、「できた！」から子どもの自信を引き出す。

発達を促す具体的な働きかけ

保育者が率先して体を動かす

2歳は保育者や友達を見て模倣する時期です。子どもは走る、登る、跳ぶ、蹴る、投げる、もぐる、くぐるなど体の様々な部位の動きや姿勢を調整できるようになります。保育者は率先して体を動かすことで、子どもの見本となります。

体を動かす環境設定

保育者は床にビニールテープを貼って平均台に見立てたり、園庭や遊戯室に巧技台や大型積み木などを置いたりして、子どもが体を動かせるような環境を設定します。子どもが楽しんで体を動かせるように、イメージを共有して心を通わせながら働きかけるようにします。

多様な道を歩けるように

散歩で歩くコースの中に坂道やでこぼこした道、じゃり道、竹やぶなど、普段歩かない道を選択して、いろいろな道を歩けるようにします。

こんなときは?!

❓ 足を交互に出して階段の上り下りが難しい子どもがいたら

❗ 急がせることは禁物。子どものペースに合わせて

歩く経験が少なかったり、恐怖心を抱いていたりすると、階段の上り下りがスムーズにいかないことがあります。「早く」と焦らせると余計に恐怖心を抱くので、片手を手すりにつかまり、保育者はもう一方の手をつなぐなど、子どものペースに合わせて上り下りします。普段から散歩で階段のあるコースを選択したり、園内の階段を意識的に利用したりして、歩く機会を増やすとよいでしょう。

おたより・連絡帳に使える文例

家庭との連携でお役立ち！

保育者より：両足そろえてジャンプに挑戦！

文例：朝から雨天でしたので、室内にトンネルや巧技台を用意して体を動かして遊びました。いつもは巧技台から慎重に片足ずつ下りていましたが、今日は目の前のお友達を真似して、初めて両足をそろえてジャンプで降りることができました。嬉しかったようで、その後何度もジャンプに挑戦していました。

ポイント：活動から見られた子どもの成長のきっかけを伝えましょう。

保護者の相談：外出すると、抱っこばかりで歩こうとしません

お返事の文例：抱っこばかりだと大変ですね。お家の人に甘えたい気持ちが強いのでしょうね。「あの電柱までは歩こうね」「今はできないけど、〇〇のあとなら抱っこできるよ」などと伝え、徐々に歩ける距離をのばしていったり、状況を説明してお話ししたりするのもよいと思います。

ポイント：子どもや保護者の気持ちに思いを寄せたうえで、対応策の提案をします。

4章 おおむね2歳

> おおむね

2歳 運動機能（微細）

{ 巧緻性（こうちせい）の高まり }　目と手の協応動作が発達することで、手指の巧緻性が高まり、あそびや生活の中で手や指先を使う機会が増えます。徐々にできることが増え、自信につながっていきます。

子どもの姿

- 🌸 **手指の巧緻性が高まり、手や指先の力を調整する**ことができるようになる。

- 🌸 指先を使った細かい動作ができるようになり、**紙をちぎったり、丸めたり**することを楽しめるようになる。

- 🌸 粘土など変化する素材をつぶしたり、転がしたり、引っ張ったり、ちぎったりすると形が変わることがわかり、**できた形を見立てて楽しむ**。

- 🌸 積み木を高く積み重ねてスリルを楽しんだり、横に並べて線路に見立てたりして遊ぶ。

- 🌸 **クレヨンの持ち方や手首の動かし方が安定する**。「雨がザーザー」と経験を振り返ったり、「リンゴだよ」とイメージをしたりして描くようになる。

保育者の関わり

- ★ **ひも通しや洗濯バサミなどを保育室の机や椅子の近くに用意**し、子どもが自由に好きなものを取り出して遊べるようにして環境を整える。

- ★ 様々な素材に触れられるように**広告紙や新聞紙などを用意**する。また、ちぎったり丸めたりしているときには、散らからないよう箱やカゴを用意する。

- ★ 粘土を細くしていたら「ヘビさんみたいだね」と言葉で表現するなどして、楽しんでいる雰囲気を盛り上げる。

- ★ 興味・関心に応じて積み木の種類や大きさに考慮したり、動きのあるあそびの近くを避け、**広い場所で遊べるように**置き場所を替えたりする。

- ★ 描いているイメージを一緒に楽しみながら、さらに「雨がいっぱい降ってるね」「美味しそうなリンゴだね」などと**イメージを膨らませられる関わり**をする。

発達を促す具体的な働きかけ

シール・テープあそび
シールを台紙に貼ったり、ビニールテープを窓ガラスや床に貼ったり、はがしたりできる活動を設定して、子どもの手先の巧緻性を高めます。

ひも通し
ビニールホースをカットしたものや、厚紙に穴を開けたものでひも通しができる玩具を用意します。ビニールホースは色を工夫したり、切る長さを変えたりすることで、見立てあそびに用いることができ、あそびのバリエーションが広がります。

ボタン・スナップ・面ファスナー
指先でつまんだり、引っ張ったりすることができるようになります。あそびの中でボタン、スナップ、面ファスナーの練習ができるよう、これらを用いた人形の衣類やつなげて遊ぶ玩具を保育室に用意します。

※誤飲を防ぐために、小さなものは安全管理に注意します。

洗濯バサミ
洗濯バサミでボール紙や牛乳パックを挟んで遊べる玩具を用意します。挟むとライオンやカニに見立てられるようなものだと、より楽しみます。挟むことが難しいようであれば、保育者が挟んだものを子どもがはずすところから始めます。

おたより・連絡帳に使える文例

家庭との連携でお役立ち！ 使ってみよう

保育者より　イメージして、絵が描けるように

文例：クレヨンでお絵描きをしていた〇ちゃん。「ポツポツ」と言いながらたくさん点を描いていたので、「点々がたくさんだね」と声をかけると「雨が降ってるの」と答えました。きっと昨日お庭で遊んでいるときに降り始めた雨を思い出したのでしょう。経験したことをお絵描きで表現できるようになった姿に、成長を感じました。

ポイント　保育の中で気づいた成長を、エピソードを交えて伝えましょう。

保護者の相談　不器用なのか、手先を使う玩具では遊びません

お返事の文例：保育者やお友達が楽しくひも通しやスナップボタンの玩具で遊んでいる様子を遠くから見ていることがあります。「先生と一緒にやってみよう」と誘い、さりげなく手を添えて関わり、成功すると「できた！」と嬉しそうな表情を見せてくれます。これからもタイミングをみて誘い、成功体験を重ねて自信につなげていきたいと思っています。

ポイント　保護者の参考になるよう、園での具体的な援助の内容を伝えます。

2歳 認知・言語

おおむね

{ 語彙の増加 } 友達や保育者との会話や絵本などを通して言葉を吸収する時期です。自分の気持ちを相手に伝えようとしますが、まだ上手に表現できず、もどかしさを感じています。

子どもの姿

- 軸になる名詞に動詞を組み合わせて、「ワンワン、いた」「ボール、ちょうだい」などと、**二語文を話すように**なる。

- 自分が経験したことや、気づいたことなどを**保育者に言葉で伝えたい気持ちはあっても、はっきりした言葉が出てこない**ことがある。

- 気に入った玩具があると、他の子どもが使っていても手を伸ばしてしまうことがある。

- 絵本や紙芝居に出てくる**言葉そのものの音やリズムの響きがもつおもしろさに気づき**、あそびの中で真似をしたり、体で表現したりするようになる。

- 保育者や友達の話すことに**興味や関心をもって聞き**、自分の思いを**言葉で返す**ことができるようになる。

保育者の関わり

- 「大きなワンワンだね」「赤いボールがほしいのね」と**思いを受け止め、言葉を膨らませられるように**意味付けをして応えます。

- **伝えたい気持ちをゆったりとした気持ちで受け止める**。「お砂がサラサラしていて気持ちいいね」など、子どもの思いをくみ取って代弁する。

- 保育者は**すぐ止めに入ることができる位置で**、子ども同士のやりとりを見守る。必要に応じて**お互いの思いを言葉で双方に伝える**。

- 保育室には子どもの興味・関心に応じた絵本を用意する。保育者も率先して、絵本のフレーズを用いてごっこあそびを展開したり、体を動かしたりしてあそびを援助する。

- 保育者は子どもの言葉を受け止め、さらに**やりとりが引き出されるような応答をする**。

発達を促す具体的な働きかけ

代弁をする

語彙が爆発的に増加し、応答的な対話ができるようになります。しかし、まだ上手に言葉で伝えられずトラブルになることもあります。保育者は「○○が使いたかったんだよね」と、子どもの伝えたい気持ちに寄り添って子どもの気持ちを代弁したり、「○○と言ってごらん」と子ども同士のやりとりの援助をしたりします。

絵本を通して言葉に触れる

「コロコロ」「トントン」などの繰り返しの言葉や、絵本のフレーズをあそびの中で用いることが増えていきます。子どもの耳馴染みのよい絵本や、繰り返しフレーズが出てくるの絵本を用意し、絵本を通して言葉に触れる環境を整えます。

イメージが膨らむような関わり

ブロックや粘土を食べ物に見立てたり、段ボールをバスにして運転手になりきったり、といった姿が増えていきます。保育者は「おいしそうね、何かしら？」「運転手さんどこに行くのですか？」など、子どものイメージが豊かに膨らむような言葉をかけたり、興味・関心に沿った環境を整えたりするようにしましょう。

「なんで？」の質問の対応

保育者に「なんで？」「これは？」と聞きたがるようになります。保育者は子どもが理解し、納得できるよう、簡単な単語を用いて説明をします。時にはクイズ形式にしてみたり、子どもと図鑑を開いて「なんだろう」と一緒に考えてみたりして、コミュニケーションを図りながら子どもの疑問に応答します。

家庭との連携でお役立ち！ おたより・連絡帳に使える文例

使ってみよう

保育者より
自分の思いを言葉で表現ができるようになってきました

文例：遊んでいたお人形を友達が取ってしまったのですが、○ちゃんは「使ってた！」と自分の思いを言うことができました。そのことに対して「上手に言えたね」と言うと、「うん！」と笑顔で応えていました。これからも○ちゃんが言葉で自分の思いを伝えられるように、タイミングを大切にして関わっていきたいと思います。

ポイント
小さな子どもの成長の瞬間を保護者と喜び合います。

保護者の相談
思い通りにならないと叩いたり、泣いたりして怒ってしまいます

お返事の文例：言葉で自分の気持ちを上手に表現できないので、もどかしいでしょうね。抱きしめたり、背中をさすったりして気持ちを落ち着けてから、「まだ遊びたかったの？」などと気持ちを代弁して、その後の対応を検討するといいと思います。園でも自分の気持ちを言葉で表現できるように丁寧に関わっていきます。

ポイント
子どもの発達状況を整理したうえで、園での対応を伝えます。

{ おおむね }

2歳 自我・社会性

{ 友達が気になる } 自我の確立に伴い、「自分はこうしたい」と主張することができるようになります。友達との関係が広がり、互いに真似をし合うことを楽しむようになります。

子どもの姿

- **「イヤ」とあらゆる場面で自己主張**をして、自分の主張を通すようになる。保育者に受け止めてもらえる経験を通して、次第に他者の思いを受け入れられるようになる。

- 自分の思い通りにならないと、思わず手が出てしまったり、泣いて**かんしゃく**を起こしたりする。

- 見たことや経験したことを、あそびを通して表現する。

- 「自分以外の他者」を意識し始め、**身近な友達や母親、保育者の真似**をして遊ぶようになる。

- 自己主張をして自己の欲求を伝えようとする。一方で**「しなければいけない」ことへの理解**もできるようになる。

保育者の関わり

- ★ 自我の成長を認め、気持ちを表現することを大切にし、焦らずゆったりと接する。**時間がかかっても、子どもの気持ちを尊重しながら対応をする。**

- ★ 子どもの思いに「そうだよね」と**共感**を示し、抱きしめるなどの触れ合いをもったり、「お外に行こうか」と**代案を示したりして**、気持ちの安定を図る。

- ★ **子どもの表現を真似して**、行動の意味を理解する。また、言葉で表現してイメージを膨らませたり、環境を整えたりする。

- ★ 子どもがもっているイメージを友達同士で共有し、「自分以外の他者」の真似を楽しめるように、**そっと環境を整えたり、子ども同士のやりとりの仲介をしたりする。**

- ★ 「まだ遊びたかったよね」と**思いに共感した**うえで、「○○するから行こうね」と**先の見通しを伝える**。気持ちを切り替える力を身につけられるように関わる。

自我の拡大と対応のポイント

子どもの思いを受け止める

親しい大人である保育者に対して、「イヤ」「ヤダ」と反抗や自己主張をするようになります。信頼関係が築けているからこそ始まる反抗や自己主張です。まず子どもの思いに耳を傾け、「そうね」と子どもの言い分を受け止めます。

同じ玩具を複数用意

他者へ目が向くようになり、友達と「同じ」を楽しめるようになります。保育室内の玩具は同じものを複数用意し、子ども同士互いのあそびを真似し合いながら、並行して遊べるようにしましょう。仲間としてのつながりをもち、より豊かなテーマ性のあるあそびへと発展していくでしょう。

気持ちの切り替えを援助する

保育者は反抗や自己主張をした子どもが自分で気持ちを切り替えて、立ち直ることができる機会をつくります。「○○なら大丈夫だよ」と代案を提示したり、「○○したらやろうね」と活動の見通しを伝えたりして関わります。

こんなときは?!

? 保護者が迎えに来ても帰りたがらない

! 子どもの心情に耳を傾けて、対応しましょう

あそびが充実しているときで遊び続けたいのか、保護者に甘えているのか、子どもの心情に耳を傾けます。前者であれば「長い針が○になったら帰って、お家でご飯を食べようね」と先の見通しを示し、時間になったら帰ることを約束します。後者であれば、楽しい1日を過ごした子どもの気持ちに共感したうえで、今は帰る時間だと説明します。「また明日ね」と子どもを抱きしめたり、「明日の朝も同じ玩具を用意しておくね」と話したりすることもよいですね。

家庭との連携でお役立ち！ おたより・連絡帳に使える文例

保育者より：友達と同じ玩具を使って遊ぶ姿が見られるように

文例：電車玩具を走らせて遊ぶことが好きな○くんですが、今日は友達と一緒に、線路を長くつなげて、あそびに夢中になり、笑い合っていました。好きな玩具やあそびを通して、少しずつ友達との関わりが広がってきているようです。

ポイント：好きな玩具を通して友達との関係が広がってきていることを伝えます。

保護者の相談：「イヤ」ばかり言われて疲れてしまいます

お返事の文例：反抗や自己主張は成長の一過程とはいえ、「イヤ」ばかりだと疲れてしまいますよね。園では「そうだよね」と○ちゃんの思いに共感を示したうえで、「今はできないけど、おやつを食べたらやろうね」と話したり、「これはできないけど、されならいいよ」と代案を出したりして関わることで、納得してくれる姿が見られています。

ポイント：保護者の気持ちに共感を示したうえで、園の実践を紹介します。

2歳 食事

おおむね

{ 自立への一歩 }　友達や保育者と会話を楽しみながら、一人でスプーンやフォークを使って食べられるようになってきます。食べムラや偏食もありますが、その場の雰囲気などに左右されます。

子どもの姿

- 「お腹いっぱい」と言いつつも、気持ちに左右される。

- 言葉の理解が豊かになるので、食事が進まないときも、**会話を楽しむ**ことで、いつの間にか食べきれることがある。

- **好き嫌いがはっきりし、苦手なものを嫌がる**ようになるが、挑戦しようとすることもある。

- 手づかみもするが、食べ物をスプーンやフォークで口に運び食べようとする。

- 同じテーブルの友達と、**目の前にある食べ物や食器を介したやりとりをする**。

保育者の関わり

- ★ 「どっちを先に食べる?」「ライオンさんとカバさんのお口、どっちで食べる?」などと**選択肢を与えて、子どもが自分で食べる手段を選択できるように**関わる。

- ★ 保育者はエプロンのウサギのアップリケを指して「ウサギさんの好きなニンジンどうぞ」と、子どもの意識を別のほうに向けながら、食事を促す。

- ★ 苦手なものをひと口でも食べられたときは、**努力を認め、自信や次の意欲につなげる**。

- ★ 手づかみをしているときは、自分で食べたいと思えるように、**さりげなくフォークやスプーンに手を添えて**介助する。

- ★ **友達との会話が弾むように**アレルギー児には食器やトレーの色を変えるなど配慮をしながら、座席の配置を決める。

食事を進めるポイント

小グループメンバーで
子ども同士の会話が弾むように、4人前後の小グループで食事がとれるように机を配置します。

食事に対する関心を高める
給食室で給食を作っている様子を見学したり、散歩先で畑の野菜の成長を定期的に観察したりして、いろいろな食材に触れることで、食事に対する関心を高められるようにします。

見通しがもてるように
好き嫌いはありますが、その場の雰囲気や保育者・子ども同士の関わりで気持ちを切り替えることができます。食事が進まない場合には、「これを食べたら終わりにしよう」と伝えることで、先の見通しをもって食事を終えることができます。

食事の量を調節し、満足感が得られるように
全員同じ量を用意するのではなく、一人ひとりの体調や食欲などを配慮して食事の量を調節し、子どもが「おいしかった」と食べきれるようにします。

こんなときは?!

❓ 食事の好き嫌いが多い子どもに対して

❗ イメージ力を生かした働きかけをしてみましょう

2歳児はイメージをする力が豊かになるので、それをうまく生かすとよいでしょう。保育者は「(壁面の)ウサギさん、見ててね!」や、「ゾウさんのお口でパクッ!」と動物やキャラクターを用いたり、スプーンを電車に見立て、「○ちゃんのお口に出発進行!ガタンゴトン」と身近な乗り物を生かしたりして、子どもに関わります。

おたより・連絡帳に使える文例
家庭との連携でお役立ち!　使ってみよう

保育者より　好きな絵本をきっかけに完食することができました

文例:食事途中、「ごちそうさまする」と言っていましたが、○ちゃんの好きな絵本のカバさんのお話をして、「カバさんのお口で食べられるかなー?」と聞くと「できるよー」と言って自分で食べることができました。「大きなお口で食べられたね」と食べたことを褒めると、「もっとできるよ」と言いながら完食することができました。

ポイント　昼食場面の流れを端的に説明して、保育者の関わり方を伝えます。

保護者の相談　食が細いので、もっと食べてほしいです

お返事の文例:昼食を見ると「おいしそう」と言っていますが、いざ食べ始めるとすぐお腹がいっぱいになるようですね。最初に「このくらいなら食べられるかな?」と調整し、時間を区切って食事時間を設定しています。食べきることよりも、まずは食べることの楽しさを伝え、食に興味がもてるように関わっていきたいと思っています。

ポイント　食に関しては、子どもの心に寄り添った対応の大切さを伝えます。

{ おおむね }

2歳　排泄

{ 排泄の自立 }　失敗と成功を繰り返しながら、排泄の自立が確立し、布パンツで過ごせる時間が長くなります。子どものペースを尊重して無理なくトイレトレーニングを進めるようにします。

子どもの姿

- **自分でおむつを脱いで便器に座る**ようになる。排泄ができるときとできないときがある。

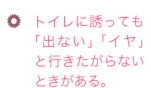

- トイレに誘っても「出ない」「イヤ」と行きたがらないときがある。

- 午睡時はおむつで過ごすが、**徐々に布パンツで過ごす時間が長くなる。**

- 排泄後水を流したり、手を洗ったりするなど、排泄に伴う**トイレの使用上のルールがわかる**ようになる。

- **自分で尿意を感じて、トイレに行き、排泄ができるようになる。**

保育者の関わり

- ★ 排泄間隔やトイレに行きたいサインへの理解を深めていく。排泄ができなくても、**一定時間便器に座れるように、数を数えたり歌を歌ったりする。**

- ★ **トイレに行きたくないという思い**を「行きたくないのね」と受け止め、「行きたくなったら教えてね」と少し様子をみる。おもらしをしたら、大切な経験と捉え、「今度は一緒に行こうね」と次を見通した声をかける。

- ★ 健康状態や活動に応じて、無理に布パンツだけで過ごすのではなく、おむつも使用する。

- ★ 排泄の一連の流れを身につけられるように、**トイレの使用上のルールをわかりやすく伝え、一緒に動作を通して子どもに伝えていく。**

- ★ **排泄が成功したら、「できたね！」と褒め、**成功体験を積み重ね、自信を育てていく。

トイレトレーニングのポイント

1〜1時間半間隔で誘う

1〜1時間半間隔で子どもをトイレに誘い、排泄の間隔を把握します。また、便器に座る姿を見守りながら、トイレの使い方を子どもと確認します。排尿の間隔が長くなってきたら、日中の一定時間を布パンツで過ごすようにしていきます。

活動の区切りに誘う

「散歩に行くから、トイレに行こうね」「トイレに行ったら遊ぼうね」と、活動の区切りにトイレへ行く習慣をつけます。繰り返すことで、子どもにとって意識付けがされます。また、遠方への散歩を避けるなど、おもらしにつながるような予定を避けるなどの配慮も必要です。

排泄の感覚をつかめるように言葉をかける

タイミングが合ってトイレで排泄ができたときは「トイレでおしっこが出てよかったね」と言葉をかけ、排泄の感覚を振り返れるようにします。

おもらしをしたときは

「気持ち悪いからきれいにしようね」「今度教えてね」とおおらかに対応し、さらっと後始末をします。自信を失わないようにするため、本人と周囲の子どもに配慮の言葉を添えましょう。

排尿のサイン

- **あそびに集中しなくなる**
  落ち着きがなくなり、そわそわしたり、あそびの手を止めて、遠くを見たりする。

- **股に手をもっていく**
  自分のお腹や股に手をもっていく。

- **下半身に力が入る**
  足を交差させたり、両足をぎゅっと閉じて動かなくなったり、しゃがんだりする。

おたより・連絡帳に使える文例

家庭との連携でお役立ち！ 使ってみよう

保育者より：トイレでおしっこが成功しました！

文例：お昼寝のあと、おむつが濡れていなかったのでトイレに誘うと、トイレでおしっこをすることができました。保育者みんなで「やったね！」とトイレで排泄ができた喜びに共感すると、〇くんも嬉しそうな表情を見せていました。これからもトイレで排泄ができたときには一緒に喜んで、成功体験を重ねていきたいです。

ポイント：エピソードを交えて今後の園の対応を伝えます。

保護者の相談：「おしっこ出ない」と言ったあとでおもらしを……

お返事の文例：そわそわして落ち着かない様子なので、「トイレへ行こう」と誘っても「出ない」と言って行きたがらないことがあります。「トイレ電車が出発しまーす」と声をかけたら「はーい！」といい返事をして一緒にトイレへ行くことができました。楽しんでトイレに行けるように、〇くんが好きな電車やバスで誘うとよいかもしれません。

ポイント：園での様子を伝えて、家庭でもできる方法を具体的に示します。

おおむね 2歳 睡眠

{ 落ち着いた睡眠 }　生活リズムが整い、保育者の関わりや見守りを通して、まとまった睡眠をとれるようになります。また、使用したタオルなどをたたんで片づけようとするようになります。

子どもの姿

- 途中で目が覚めることもあるが、**午後に約2時間のまとまった睡眠をとるようになる。**

- 保育者の優しい眼差しに見守られることで、横になり、目を閉じて**一人で眠れるようになる。**

- 活動量が増えることで体力がつく。午前中の活動によっては眠ることができずに、布団に横になってゴロゴロするだけのこともある。

- 興奮状態にあったり、緊張感があったりすると、**眠たいのに眠れない**ことがある。

- 自分が使用したタオルや毛布をたたんだり、布団を運んだりすることができるようになる。

保育者の関わり

- **子どもの肩や背中、おでこなどを優しくなで**、気持ちが落ち着くように関わる。

- 安心した環境で眠ることができるよう、**子どもの近くで自然に寝つくまで見守る。**オルゴールなどのBGMを流してもよい。

- 眠れなくても一定時間は横になり、**体と気持ちを解放し、休息をとるようにする。**寝かせようと焦らず、ゆったりとした気持ちで関わる。

- 手足の力がそっと抜けるように、**手や足を持ってブラブラと揺らして**、体の緊張感をほぐしたり、**手のひらや足の裏を温めるようにマッサージ**をしたりする。

- **一緒に身の回りのものを片づけて**、子どもの自立につなげる。

入眠から起床までのポイント

入眠に向けた保育室の環境設定

照明や体温を調整します。カーテンを閉めたり、電気を消したりして、段階的に室内の照明を落としていきます。室温にも配慮し、入眠に向けて体を整えていきます。

興奮や緊張をほぐす

入眠前は走り回るなど、興奮を誘う活動を避けます。子どもの手を軽く握ったり、足や背中のマッサージをしたりして、興奮を静めて緊張をほぐすようにしましょう。不安が強い子どもには、特定のぬいぐるみやタオルなどの子どもに安心感を与える移行対象を使用してもよいでしょう。

静かに横になるよう伝える

眠れないときには無理に寝かせるのではなく、他の子が寝ていることを伝え、静かに横になって休息をとることができるように促します。

身の回りの自立にもつなげる

夜間十分な睡眠をとるために、午睡は午後3時頃を目安に切り上げます。起床後、保育者は子どもとタオルやシーツを一緒にたたんだり、たたみ方を教えたりして、子どもが自分の身の回りのものを始末できるように関わります。

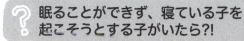

❓ 眠ることができず、寝ている子を起こそうとする子がいたら?!

❗ 起きて遊ぶ部屋を用意するのも一つの方法

2歳児になると昼寝をしないで、夜まで起きていられる子もいます。クラスを分けられるのであれば、午睡の部屋と起きて遊ぶ部屋に分けることも一つです。その場合、音の鳴らない玩具や絵本で過ごせるようにし、寝ている子ども達に配慮します。

おたより・連絡帳に使える文例

家庭との連携でお役立ち！ 使ってみよう

保育者より:ぐっすり眠ることができるようになってきました

文例:睡眠中起きて「ママ」と泣くこともなくなり、一度寝たら起きる時間までぐっすり寝ることができるようになってきました。眠る前に保育者に手を握ってもらうと、自分で目を閉じて眠る態勢を整えます。園が安心して過ごせる場になってきたのかもしれませんね。

ポイント:園が子どもにとって安心できる場になっていることを伝えます。

保護者の相談:寝るときの指しゃぶりをやめさせたいです

お返事の文例:布団に入ると指を口に入れる姿が園でも見られます。無理にやめさせるのではなく、自然と指が口に向かないようにしていきたいと考えています。園では寝るときにそっと手を握ったり、手のマッサージをしたりして関わっていきたいと思います。またご家庭での様子をお聞かせください。

ポイント:園の対応を伝えつつ、家庭との連携をとっていくことを伝えます。

2歳 着脱・清潔

おおむね

{ 身辺自立の基礎 } 自分で着替えようとする意欲が芽生えますが、まだ大人の手助けを必要とする時期です。また、鼻水や手の汚れに関して、自分なりに対処しようとするようになります。

子どもの姿

- **「じぶんで」と言って一人で着替えようとする**。洋服がねじれたり、前後が分からなくなったりして、「やって」と保育者に助けを求めることもある。

- おむつやズボンは、子ども自身が見ながら着脱できるので、比較的早い段階で習得ができる。

- 袖口を引っ張り、Tシャツなどの上着を脱いだり、着たりできるようになる。

- 親指と人さし指で**ボタン**をつまんで、はずしたり、かけたりできるようになる。また、**ファスナー**にも挑戦するようになる。

- 鼻水が出ていることに気づき「ティッシュちょうだい」と言って、**自分ではなをかむ**。

保育者の関わり

- ゆったりとした気持ちで子どもの着替えを見守る。一人で着替えるのが難しそうなときは、**子どもが自分でできたと思えるように、さりげなく関わる**。

- **子どもがはきやすい向きにズボンを置いておく**。最初のうちは足を入れる場所をそっと誘導する。

- 首や腕を通しやすいよう広げておく。服の前後や裏表が自分でわかるように、柄や襟タグを目印にするように知らせる。

- 服の上部はボタンをかけることが難しいので、**ボタンホールを指で示す**などして、子どもが自分でボタンをかけられるように援助する。

- **鼻水が出ていることを知らせたり、鏡を一緒に見て鼻水に気づかせ**、はなをかめるよう関わる。一人でできない子には、保育者が手を添えて「フンッてするんだよ」、などと関わる。

着脱援助のポイント

子どもの自我の発達を尊重し、ゆったりとした気持ちで着替えを見守ります。保育者は子どものできそうでできない部分に気づき、さりげなく手を差し伸べます。

ズボン

低めの台や椅子があると、ズボンやおむつがはきやすくなります。裾を踏んだり、お尻が引っかかったりするときには、腕を後ろに回してはけるようコツを教えます。

シャツ

首や腕を通しやすいように広げたり、服の前後が自分でわかるように柄や襟タグを目印にするように知らせたりします。シャツに頭を入れても袖に腕を通すことが難しいときは、袖をそっと持って腕を通しやすくします。

靴

保育者が、かかとに指を入れて履くことを伝えます。難しい場合は、かかとの上に、子どもが指を引っかけて引っ張ることのできるひもを付けるよう、保護者に協力をお願いしてもよいでしょう。また、左右の靴の区別がつくように目印を付けると、意識的に左右の靴を確認して履くことができます。

子どもが一人で着脱をすることが難しい服のとき

あらかじめ保護者に保育着として適しているものを伝えましょう

保護者の用意する服が子ども一人で着脱をするには難しいことがあります。暑くなったり、寒くなったりする前に、あらかじめ保護者にお手紙でお知らせをします。ズボンはウエストがゴムでゆったりめのもの、シャツは前後の区別がつきやすいものが日常の保育着として適しています。

家庭との連携でお役立ち！

おたより・連絡帳に使える文例

保育者より　清潔にしようとする意識の芽生え

文例：外から帰ってきたので手洗いの声をかけようとすると、自分から手を洗い始めました。手についていた泥の汚れが気になっていたようです。外から戻ってきたあと、自分で気づいて手洗いをすることができるようになったことに、成長を感じて嬉しくなりました。手を洗ったあと、「ぴかぴかだよ」と見せに来てくれました。

ポイント：子どもの自立に向けた成長を保護者に伝えます。

保護者の相談　自分で靴下を履かないので、待ちきれず手伝ってしまいます

お返事の文例：時間がないと手伝いたくなりますよね。時間に余裕があるときは、例えば途中まで手伝って「ここからはやってごらん」と、できそうなところからバトンタッチをしたり、「片方はお手伝いするね」と半分だけ手伝ったりするとよいかもしれません。園でも少し手伝うと、最後まで自分でやろうとする姿が見られます。

ポイント：子どもの育っている部分を伝え、具体的な援助を紹介します。

保育室の環境について

おおむね 2歳

空間を仕切り、活動に集中できるように

生活空間とあそび空間。動的活動と静的活動など、活動によって空間を分けられるように、棚などで仕切るとよいでしょう。そうすることで、例えば着替える子と遊ぶ子が交わることがなくなり、それぞれの活動に集中することができます。また、動きのあるあそびや静かに座るあそびなどバランスを保つことも可能になります。

動的活動の場

狭くて動的活動の場がとれない場合には、テーブルを押し入れに片づけるなどして、体を動かせるスペースをつくる。

静的活動の場

指先を使ったあそびや絵本を読むなど、座って落ち着いて楽しめる場を保障する。

絵本コーナー

広すぎる空間だと別のあそびに発展する可能性があるので、広すぎず、座って絵本を読みたくなる空間にする。表紙が並んでいる絵本棚が絵本コーナーの外から見えると、本に手を伸ばしやすい雰囲気になる。

空間を仕切っているロッカーの上のスペース

遊んでいた途中のブロックや、製作途中の作品などを次に取り組むときまで保管することで、あそびを継続することができる。

ごっこあそびコーナー

高さのある仕切りや棚などの家具を用いて、ごっこあそびコーナーを設定する。それにより、他のあそびからの影響を受けることがなく、ごっこあそびの世界に没頭し、長い時間、主体的に遊ぶことができる。

5章

おおむね

3歳

周囲の様々な物事に目が向くようになり、いろいろなことに「なぜだろう？」「どうしてだろう？」と関心をもつようになります。

3歳 運動機能（粗大）

{ 様々な動きを経験する }　土踏まずができ、動きの向きや力の加減ができるようになります。ペダルをこぐ、走る、跳ぶなど、あそびの中で楽しみながら様々な動きを経験できるようにします。

子どもの姿

- **土踏まずができ**、体を動かす向きや、力の強さを加減できるようになっていく。

- その場でのケンケン跳びができるようになる。3歳後半になると**「ケンケンで前へ進む」**など、2つの動作を同時に、が少しずつできるようになってくる。

- 三輪車のペダルをこげるようになり、徐々にハンドルを操作して好きなところに行けるようになっていく。

- 両手でボールを持って、**最初は頭上から投げられる**ようになる。

- 3歳後半になると階段を交互に足を出して**スムーズに下りられる**ようになる。

保育者の関わり

- あそびに様々な動きを取り入れ、**運動が苦手な子も楽しみながら**力を育てられるように。

- 速く・ゆっくり走る、小さく・大きく跳ぶなど、あそびの中で、速さや力加減をコントロールする経験ができるようにする。

- 「ハンドル操作をしながら三輪車をこいで進む」のように、**まだ2つのことをバランスよく行えない**ので注意。

- ボールを転がしたり、キャッチしたり、**ボールに親しむ活動**を取り入れる。

- イメージと、できることの間のギャップが大きい時期。「こうしようとしたんだね」など、**やろうとしたことをくみ取り、認める。**

発達を促すあそび

合図でストップ&ゴー

みんなで同じ方向に大きく回りながら、保育者のタンバリンに合わせた動きを繰り返す。「速いリズムで叩く＝駆け足」→「音が止まる＝ストップ」を繰り返す。慣れたら「タンバリンをゆっくりしたリズムで叩く＝歩く」も織り交ぜる。

大ヘビ、小ヘビ

2人で縄の両端を持つか、一方を柱などにしばるなどして固定する。「来たぞ、来たぞー」と言いながら縄を地面で揺らす。「大きく揺らす＝大ヘビが来たぞ～」「小さく揺らす＝小ヘビが来たぞ～」として、子どもは縄に触れないように飛び越える。

ボールあそび

向かい合ってキャッチボール、的に向かって投げる、どちらが遠くまで投げられるか競争する、など様々なバリエーションで楽しむ。

こんなときは?!

? 運動が苦手な子ども

! 楽しく体を動かす時間を習慣化しましょう

「外に出たらまず、みんなで体操・ダンスしよう」「お部屋に入る前に、園庭を一周マラソンごっこしよう」のように、一日の中のどこかで、みんなで楽しく体を動かす時間をもつことを習慣化するとよいでしょう。「思い切り体を動かすのは楽しい、心地よい」と感じられるようにすることが一番大切です。

おたより・連絡帳に使える文例

家庭との連携でお役立ち！ 使ってみよう

保育者より：靴を買い替えるタイミング

文例：走って跳んで回って、子どもたちは元気に遊んでいます。靴が小さすぎたり、逆に大きすぎたりすると、動きによっては靴ずれを起こしてしまいます。できる限り足に合った靴を履かせてあげてください。また、この時期の子どもは成長が早く、靴もすぐに小さくなります。3か月くらいをめどに靴のサイズが合っているかを確認するとよいですね。

ポイント：依頼は具体的な目安とともに伝えましょう。

保護者の相談：普段からけがが多いのですが……

お返事の文例：公園でのけが、大変でしたね。すりむいたところを「いたかった～」と見せてくれました。初めての公園で、きっとおもしろいもの、やってみたいことがいっぱいだったのでしょうね。園のあそびの中でも、思い切り遊びながら、「危険なこと」「気をつけたいこと」に気づけるよう機会を見つけて伝えていきますね。

ポイント：「危険」の感覚を育てることも必要ということを伝えましょう。

5章 おおむね3歳

おおむね 3歳 運動機能（微細）

{ 個人差が広がる }　ハサミなどが使えるようになり、製作活動が本格的に楽しめるようになっていきます。一方で、個人差が広がる時期です。作業の難しさを調整して対応しましょう。

子どもの姿

- 丸の中に目や口を描いた顔や、2本の線をクロスさせた「十字」など、複数のパーツを組み合わせたものが描けるようになる。

- 3歳後半には顔から手足が出た**「頭足人」画**を描くようになる。

- 製作あそびなど、**ハサミを使えるようになり**、紙を持って切ることも少しずつできるようになっていく。

- 見本や手本をもとにして、**同じかどうか確かめ修正しながら作ろうとする意識**が芽生えてくる。

- 個人差が現れだし、**手先の不器用さ**が目立つ子も出始める。

保育者の関わり

- ★ **粘土など、握る、つまむ動作をたくさん含むあそび**で、手指の力を育てる。

- ★ 手指を使った作業の際、「どっちがやりやすかった？」「〜をやってみたら、○○ができたね」など**意識化できる言葉**を添え、コツを子ども自身が発見できるようにする。

- ★ **握りやすいハサミ・クレヨン**など、**道具やものの使いやすさを検討**し、できる限り扱いやすいものを。

- ★ 技術の個人差に対応した援助のため、**できるだけゆとりをもった設定で、個別の援助をする保育者やタイミング**を確保しておく。

- ★ 製作活動などでは、**手順や作業を単純化した別パターンの作品**も想定しておくなど、技術の個人差に対応する。

運動機能に関する用語

協応動作

右手と左手、手と足、目と手など、体の複数の部分を連動（協応）させた動きを「協応動作」という。特に、目から入ってきた情報に応じて手の動きを調節する「目と手の協応」は、スポーツや工作、食事や着替え、勉強など幅広い活動の中で必要とされる働き。

↓

例えばこのような動きも

- ひも通し。
- ハサミで線や形に合わせて切る。
- 絵や文字をかく。
- 頭からかぶってシャツを着る、ボタンを留める。
- 縄跳びをする。
- ボールを投げる、キャッチする。

こんなときは?!

❓ 線に沿ってハサミで切るのが苦手な子

❗ 段階を追って練習を積み重ねていきましょう

動きがスムーズになるように、線を指でたどって目で追う、手の開閉の動き、ハサミで1回切り、などの練習を積むことが必要です。目からの情報を強調し、取り入れやすくするため、線を太くしたり、色を変えたりしてもよいでしょう。

おたより・連絡帳に使える文例

家庭との連携でお役立ち！ 使ってみよう

保育者より ｜ ごっこあそびの道具を作る

文例：ごっこあそびを楽しむ子が多くなってきたこの頃、子どもたちから「アイスクリーム屋さんがしたい」という声が。そこで今日はアイスクリーム作りをしました。花紙をキュッと丸めてアイスクリームに。キラキラした紙をハサミで刻んで、トッピングも作って貼り付けました。色とりどりのアイスクリームがたくさんできあがりました！

ポイント：保護者のあそびを見る目が豊かになるよう、変化や発展を具体的に伝えましょう。

保護者の相談 ｜ お絵描きが苦手のようで、心配です

お返事の文例：それぞれのお子さんで好みやその時々で熱中しているあそびがあり、結果として、あまりしない活動もあると思います。お友達が描いているのを見て「やってみよう」と思うこともあるかもしれません。○くんが「やってみたい」と思えることを一番に考えつつ、これからも機会や環境をつくっていきたいなと思います。

ポイント：保護者の心配を受け止めつつ、園での見守りの方針を伝えます。

3歳 認知・言語

おおむね

{ 「なぜ？」が気になる } 原因や目的など、そのとき・その場に見えるものだけではない物事の側面に目が向くようになります。「なぜだろう？」を一緒に楽しみ、関心を深めましょう。

子どもの姿

- 身近なものに**「なぜ？」と興味をもったり、物の特徴や違い**に少しずつ気づけるようになっていく。

- 時間の感覚が育ち、「あとで」「〜してから〜する」のように、**少し順序を理解し見通しがもてるようになる。**

- **ごっこあそびなど、経験したこと、知っていることをあそびの中で表現して楽しむ。**

- 絵本など、表現のおもしろさだけでなく、物語の流れを楽しめるようになってくる。

- 見本や手本をもとにして、同じかどうか確かめながらやろうとする意識が芽生えてくる。

保育者の関わり

- 虫、植物など様々なものに触れ、**感じたことを言葉や絵で表現し合う機会**をたくさんつくる。

- 見通しがもてれば、次に備えたり、待ったりできる。**何かをするときには次の予定や理由を子どもと共有しながら進め**、見通す力を育てる。

- ままごとや、お店屋さんごっこなど、ごっこあそびを楽しみ、発展させていけるようコーナーを充実させる。

- **繰り返しのあるものなど、単純な流れのものから**、物語の楽しさを体験できるようにする。

- できばえだけでなく、「しっかり見ながらやっていたね」と**確かめようとする意識をもっている姿を認める。**

あそびの中で育つ「捉える力」

「きれいな色の葉っぱ・実を集める」「ブロックを形や色で選んで組み立てる」など、あそびの中には、形や色、長さや大きさなど物の特徴に注目し、違いに気づく経験がたくさん含まれています。特徴を「捉える力」はあそびの中で育ちます。身の回りのものをじっくり見たり聞いたり触ったりする機会をつくること、また「この色すてきだね」「おもしろい形だね」など、子どもの視点に寄り添いながら、それぞれの特徴に注目できるような働きかけをすることで「捉える力」を高めます。

「捉える力」を育む自然あそび

- **宝物探し**
  きれいな色・形の葉や実、石などを探し、お互いに見せ合う。
- **お庭探検**
  紙で虫眼鏡の枠を作り、それを使って外にあるいろいろなものを観察する。
- **これどーこだ？**
  保育者があらかじめ取っておいた葉や実を見本として見せ、子どもたちが同じものを探してくる。

こんなときは？！

　いつでもなんでも「なぜ？」とたずねる

子どもの問いを一緒に楽しみましょう

「なぜ？」という問いに大人が必ず答えを用意する必要はありません。「どうしてだろうね」「〜かもしれない」と一緒にあれこれ考えたり、「ここに書いてあるかも」と本で一緒に調べたり、子どもの問いを一緒に楽しみましょう。子どもが自分で問いを見つけること、見つけた問いについて考えたり理解を深めたりすることは楽しく、価値のあることなのだという実感をもつことが大切なのです。

家庭との連携でお役立ち！

おたより・連絡帳に使える文例

保育者より — あそびの中には宝物がいっぱい

文例：砂場でのケーキ作りに夢中の○ちゃん。型抜きした砂のケーキの土台に、葉っぱや実をのせたかわいらしいケーキを毎日作っています。上手にケーキができる砂に気づいたり、飾りに使うきれいな実や葉っぱを探しに出かけたり、あそびの中で「こうしてみよう」「こうしたい」と考えて工夫する時間を大切にしたいと思っています。

ポイント　あそびの具体的な様子を、その経験がもつ価値とともに伝えましょう。

保護者の相談 — 家での登園準備が大変です

お返事の文例：朝なかなか準備が進まないのは、本当に困ってしまいますね。私も朝は苦手なので、朝はゆっくり過ごしたい○くんの気持ちもわかります（笑）。朝ごはんを食べて着替えて、保育園に行ってやりたいことがいっぱいある！と、園に来るのが楽しみになってくれるといいなあと思います。○くんに「明日も先生待ってるよ〜!!」と伝えますね。

ポイント　保護者の大変さを受け止めつつ、園でできる援助を伝えましょう。

3歳　自我・社会性

{ 「一緒に」の始まり }　子ども同士の関わりが増えていきます。ごっこあそびなど、大人が一緒に加わり、アイデアを出し、関わりのモデルを示すことで、一緒に遊ぶ楽しさを経験できるように。

子どもの姿

- 同じ場で同じことをしてやりとりしながら遊ぶが、まだそれぞれで取り組む「並行あそび」の傾向が強い。

- 順番を意識して遊んだり、**友達にゆずったり**することが少しずつできるようになっていく。

- できることは**なんとか自分でやろうとし**、大人が手伝おうとすると拒むことも出てくる。

- 大人がやっていることに関心をもち、手伝うことを好むようになる。

- 自分の名前（苗字も）、性別、年齢など、**自分のことがわかるように**なっていく。

- **男・女の意識が強くなり**、同性と遊ぶことが増えてくる子もいる。

保育者の関わり

- ごっこあそびなどに保育者が加わり、**子ども同士の関わり合いや協力の機会をつくる**。みんなで一緒に遊ぶ楽しさを実感できるようにする。

- 子ども同士のぶつかり合いは、自分と異なる他者の思いに触れ、互いの思いを伝え合う機会と捉え、**解決だけを目指さない**。

- 「自分で」と主張しやろうとするが、うまくいかなかったり甘えたいときもある。**揺れる気持ちを受け止めつつ励ます**。

- 大人の手伝いは、成長した自分を実感し、責任感を体験する機会となる。**少しずつ無理のない範囲で手伝いを頼む**。

- 「言ってくれたからわかったよ」「こう言ったらいいんだね」など、**言葉で自分の思いを伝えることのよさやよい伝え方**を子どもが意識できるように。

- 保育者自身が「男の子はこう」「女の子はこう」という**固定化した視点に立っていないかを振り返る機会**をつくる。

感情はどう育つ？

感情の発達には、「自分以外の他者の感情を理解すること（＝感情理解）」と「自分の感情をコントロールすること（＝感情調整）」の2つの側面があります。

感情理解

ひとりが泣くとその場にいた他の乳児も泣き始めるなど、人間には他者の気持ちに共感するための土台が生まれつき組みこまれています。そのうえで、相手の表情や様子を手がかりに感情を理解することは2歳頃からできるようになり、5歳頃までには、なぜそのような感情が引き起こされているのかという原因とつなげて、相手の気持ちが理解できるようになっていきます。

感情調整

生後半年頃からみられる「驚き」「恐怖」「喜び」といった基本的な感情に加え、3歳頃までには、「誇らしい（誇り）」「後ろめたい（罪悪感）」など複雑な感情も経験するようになります。園や家庭など他者との生活の中では、気持ちに折り合いをつけたり、切り替えたりすることも必要になります。幼児期に大人の助けを借りながら、場に応じて気持ちをコントロールする力をゆっくりと身につけていきます。

 こんなときは?!

❓ 興奮しやすく気持ちのコントロールが難しい子

❗ 危険な行動は制止し、気持ちが落ち着くよう援助を

危険な行動がみられるようであれば、まずはきっぱりと制止します。その後、大人が援助し、気持ちを落ち着かせることを優先します。抱きしめる、背中をさする、場所を変える、深呼吸を促す、など、体への働きかけを試しましょう。落ち着いて話が聞けるようになったら「〜だったんだね」と気持ちに寄り添う言葉をかけます。「怒りんぼ虫が来たんだね」のように気持ちにあだ名をつけて、子どもが語りやすい工夫をするとよいでしょう。

家庭との連携でお役立ち！ おたより・連絡帳に使える文例 使ってみよう

保育者より：順番を守る姿やゆずる姿が見られるように

文例：大人気の三輪車、外に出るとみんな三輪車置き場にまっしぐらです。数に限りがあり、遅れた子は「また取れなかった〜」とがっかり。以前はけんかになったり悔しくて泣いてしまったりする子もいたのですが、最近は、「あとでかしてね」「いいよ」と順番に使ったり、大きな子が小さな子にゆずってあげたりする姿が見られるようになってきました。

ポイント：これまでの姿と対比させ、育ちがより伝わるように。

保護者の相談：下の子が生まれてイヤイヤが大変です

お返事の文例：昨日の帰り道、大変だったのですね。お疲れ様でした。妹の〇ちゃんのこと、園でよくお話ししてくれています。かわいいなあ、うれしいなあという気持ちと、ちょっと悔しい、さみしい、と思う気持ちなど、△くんの中には、いろいろな気持ちがあるんだろうなと思いながら聞いています。お兄ちゃんになった△くんを、私達も応援しています!!

ポイント：保護者の大変さをねぎらいつつ、園でもしっかり見守っていることが伝わるように。

5章 おおむね3歳

> おおむね

3歳　食事

{ ほぼ自分で食べられる }　こぼすことはあるものの、スプーン・フォークを使って自分で食べられるようになり、箸を使い始める子も増えていきます。食事の際、会話も楽しめるようになります。

子どもの姿

- スプーンやフォークでなら、こぼしたりしながらも、ほぼ自分で食べられるようになる。

- スプーンやフォークだけでなく、箸を使い始める子が多くなる。

- いろいろな味や食感がわかるようになり、**食べ物の好き嫌い**がはっきりしてくる。

- 食べることだけでなく、食事の際の会話などを楽しめるようになってくる。

- 食事までの準備の手順が定着し、自分でできるようになっていく。

保育者の関わり

- ★ 道具で挟む、つまむなど**あそびの中で自然にトレーニングする機会**をつくっておく。

- ★ 箸の使用を始める準備ができたか（**スプーン・フォークを「下手持ち」で安定して操れるようになるなど**）を見極める。

- ★ 嫌いなものは、ひと口だけでも食べてみるよう機会をつくる。無理強いはせず、根気強く関わる。

- ★ 上手に食べたか、たくさん食べられたか、だけに注目しすぎず、**会話を楽しみながら食事できるようにする**。

- ★ 必要なものがそろっているかを確認するなど、**「自分で食事の場をつくる」という意識**を育てる。

箸の使い始めの目安

スプーン・フォークを、鉛筆持ちでしっかりと持って食べられるようになったら、箸を使い始める準備はできています。子どもの持ち方を否定せず、正しい持ち方の見本を繰り返し示します。正しく持つと食べやすいことを根気よく伝えましょう。食べることが苦痛にならないよう、スプーンやフォークも併用しながら、少しずつ進めるとよいでしょう。

箸の持ち方

1 鉛筆を持つように1本持つ。

2 持った箸を上下に動かす。この箸が上になる。

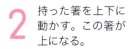

3 下にもう1本差し込み、親指のつけ根と薬指で挟む。

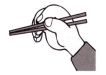

4 3本の指で上の箸だけ動かしてつまむようにする。

箸の選び方

子どもの手首から中指までの長さ＋3cmほどのものがよい。プラスチック製ではなく、竹や木の箸のほうが、食べ物がすべりにくく食べ物をつまみやすい。

箸づかいにつながるあそび

- 粘土あそびなど、指先や手のひらでつまんだり握ったりするあそび。
- お絵描きなど道具を握って操作するあそび。
- おもちゃを使って箸づかいのトレーニング。

> フェルトボールやスポンジを切ったものをピンセットや小さめのトングを使い、つまんでお皿に移し替える。箸が持てるようになったら箸で遊ぶ。

おたより・連絡帳に使える文例

家庭との連携でお役立ち！

保育者より：食への興味を高める

文例：先日、調理室から「お手伝いお願い」と頼まれ大張り切りで、空豆をさやから出す作業をお手伝いしました。大きくてつやつやしたさやを手に「チクチクする」「ふわふわだ！」「そらまめく～ん」と言いながらきれいな緑色の豆を取り出しました。その後給食に登場した空豆を、みんな嬉しそうに食べていました。

ポイント 園で行っている様々な食育活動を紹介しましょう。

保護者の相談：お箸を使い始めるタイミングは？

お返事の文例：そろそろお箸をと思っていらっしゃるとのこと。スプーン・フォークはスムーズに使えるようになっているので、いいタイミングかもしれません。ご相談をしながら、無理なく進めていければと思います。去年のおたよりの中にお箸のトレーニングについての記事がありましたので、ご参考に連絡帳に挟んでおきますね。

ポイント 連携するための共通理解を。園に資料があればおたよりなどで活用しましょう。

3歳 排泄 〔おおむね〕

{ 日中はパンツで } ほとんどの子が日中は布パンツで過ごせるようになります。自立までの順序や時期は個人差も大きいので、失敗は「大丈夫」と温かく受け止め、焦らず援助していきましょう。

子どもの姿

- 日中はおむつを使わなくなる子が多い。

- おむつを使っている子も排尿の間隔が一定になり、行くように促すと**布パンツが濡れる前にトイレに行ける**ことが多くなってくる。

- おしっこはトイレでできるようになったが大便はまだ紙パンツなど、できるようになるまでのステップは個人により様々。

- **尿意・便意を感じてトイレに行く**ことができ始めるが、失敗もある。

- 排泄のあと、自分で拭こうとするが、まだ充分にはできない。**確認や援助**が必要。

保育者の関わり

- ★ **活動の区切りでトイレに行く**よう声をかけ、習慣化する。

- ★ おむつが濡れているかどうかを確認し、排尿の間隔を把握する。**誘うタイミングを調整**するなどして、トイレでできたという経験を積めるよう援助する。

- ★ おむつは恥ずかしいことではなく、いつかはできるようになること、**自立に向けて「がんばっている」**姿を認める。

- ★ 失敗した際は、**周囲の子の目に配慮しつつ着替え**させるなど対応し、「着替えれば大丈夫」と失敗してもよいことを伝える。

- ★ トイレトレーニングは**家庭としっかり連携**し、家庭での負担などを考慮しつつ進める。

トイレで排泄ができるようになるまで

トイレで排泄ができるようになるためには、下記の3つの育ちが必要です。

① **「身体の育ち」**
膀胱や直腸に尿や大便をためておくことができる。

② **「感覚の育ち」**
したい（尿意・便意）と自覚できる。

③ **「学ぶ力の育ち」**
トイレでの排泄の仕方を学習できる。

生後半年くらいまでは、うんちやおしっこを体にためておくことができません。1歳を過ぎる頃には、一定量ためておけるようになり、たまる感覚がわかり始めますが、まだ「したい」という感覚（尿意・便意）としては自覚できません。2〜3歳頃になると、うんちやおしっこをしたいと自覚でき、尿間隔も2〜3時間くらいになり、短時間であれば出ないようにがまんしたりすることができるようになります。

トイレトレーニングはゆったりした気持ちで

膀胱や直腸、感覚の育ちには個人差があります。また、トイレでの排泄ができるようになっても、あそびなどに夢中になっていると尿意に気づかないこともあります。排泄が可能になるタイミングには、個人差が大きいこと、ちょっとしたことでうまくいったりいかなかったりすることを心に留め、ゆったりとした気持ちでトイレトレーニングを見守りましょう。

こんなときは?!

? トイレトレーニングがうまくいかない

! トイレトレーニングをお休みしても

トイレで排泄することや失敗することに対し過敏になっている様子がみられたら、子どもや保護者に余裕がなくなっているサインかもしれません。子どもには、失敗しても大丈夫であること、保護者には、大変さをねぎらいつつ、トレーニングをお休みし、ゆったりペースで進めていっても大丈夫であることを伝えましょう。ちなみに、※3歳時点でトイレでうんちができるのはおよそ7割ほどです。

※社団法人日本小児保健協会, 2010年調査

おたより・連絡帳に使える文例

家庭との連携でお役立ち！

保育者より：園でのトイレトレーニングについて

文例：○くん、今日は紙パンツをほとんど濡らすことなく過ごせました。園では活動の区切りでトイレに誘うようにしているのですが、○くんもだいたいそのタイミングでトイレでおしっこができています。あそびに夢中になっているときは、個別に声をかけるようにしています。あこがれのヒーローパンツをはける日まで、もう少しですね！

ポイント：うまくいったこと、初めてできたことは、必ず保護者に伝えるように。

保護者の相談：園での排便に抵抗があるようなのです

お返事の文例：お家に帰るまで排便をがまんしていた様子とのこと、気がつかず申し訳ありません。一度でも園のトイレでできると、少し抵抗感が薄れるのではないかと思いますが、そこがなかなか難しいのですね。便秘の心配もありますし、○ちゃんの様子を注意してみて、落ち着いてトイレに行けそうなタイミングで誘うようにします。

ポイント：園で配慮できなかった点については謝罪し、今後の対応について伝えましょう。

おおむね 3歳 睡眠

{ 睡眠中の変化に注意 } 睡眠が安定しますが、体力とあそびのバランスが取れなかったり、環境の変化によるストレスなどにより、寝つきが悪くなったり、泣いて起きたりするなどの様子がみられることがあります。

子どもの姿

- 「**今自分は眠い**」と**いうことを自覚**できるようになってくる。

- 浅い眠りと深い眠りで1セットの睡眠周期が、**3～4歳では1セット60分**を超えるくらいの長さになる（大人は90分周期）。

- 夜間は一晩中起きずに眠るようになる子が多い。

- 体力などの個人差もあり、午睡を嫌がる子、眠りに入りにくい子がみられる。

- ストレスや環境変化で、**寝言を言ったり泣いて起きる**ことが一時的に増えることがある。

保育者の関わり

- **眠るまでの準備の手順を一定に**、また自分でできるように援助し、午睡に入りやすいようにする。

- 午睡の時間は長すぎず、1～2時間程度にとどめ、**遅くとも15時頃までには起きる**ようにする。

- 睡眠の長さや必要性は個人差が大きい。眠りたがらない子、眠らなくても元気に過ごせる子などは、**個人に合わせた対応をする**。

- 長時間を園で過ごす子には、眠れなくても横になって体を休めるなど、**午睡で休息をとる習慣**をつける。

- 日中は戸外で太陽の光を浴び体を動かす時間をできるだけ確保し、午睡に入りやすく、**早寝早起きの生活リズム**が整うようにする。

睡眠の大切さ

体内時計の基礎がつくられる大切な時期です。日中は十分に心身を働かせて活動的に過ごし、夜は静かに過ごすというメリハリのある生活リズムを保てるよう、生活の場や日々のスケジュールを整えます。夜更かしや睡眠時間の不足は、乳児期のぐずりや幼児期のイライラ、多動傾向につながりやすく、また幼児期以降の肥満のリスク、学業成績とも関連があるといわれています。

参考：（大川匡子『子どもの睡眠と脳の発達―睡眠不足と夜型社会の影響―』学術の動向 2010年4月）

必要な睡眠時間

それぞれの年齢で必要な睡眠時間は異なります。各年齢での、望ましい睡眠時間は以下の通りです。必要な睡眠時間には個人差もあります。

	理想的な睡眠時間	許容範囲
0〜3ヶ月	14〜17時間	11〜19時間
4〜11ヶ月	12〜15時間	10〜18時間
1〜2歳	11〜14時間	9〜16時間
3〜5歳	10〜13時間	8〜14時間
6〜13歳	9〜11時間	7〜12時間
14〜17歳	8〜10時間	7〜11時間

※アメリカ国立睡眠財団（National Sleep Foundation in USA 2015）

こんなときは?!

? 家庭で「寝ないとオバケが来るよ」などと怖がらせるような方法で寝かしつけしている

! 睡眠リズムが整う方法を提案していきましょう

その場をしのぐことはできるかもしれませんが、眠ることにマイナスのイメージをもってしまうなど、長い目で見ると得策とはいえません。そうしないとなかなか就寝できない状態であるという家庭の大変さを受け止めつつ、睡眠リズムが整うような提案をしましょう。

- 寝る直前の入浴やテレビは入眠をさまたげるので避ける。
- 布団に入るまでの手順を決め「儀式」をつくる（歯磨きして布団に入ったら絵本、歌を歌うなど）。
- 日中たっぷり体を動かして遊ぶ。
- 夜更かしや朝寝坊になっているときは、まず朝の起床時間を早めることから。
- 眠る部屋は暗くする（怖がるようなら寝ついたあとで消灯）。

おたより・連絡帳に使える文例

家庭との連携でお役立ち！

保育者より：幼児期に入った午睡の役割や午睡時の様子について

文例：今日は暑い一日でしたね。鬼ごっこで園庭を走り回り、クタクタの様子でした。給食を食べているときからウトウトと眠そうにしている子もいました。お昼寝のときには、いつもはなかなか寝つけない子も、今日は一瞬にして夢の世界でした。給食とお昼寝でリフレッシュして、午後はお部屋でゆっくり遊びました。

ポイント：体力面でまだ午睡が必要であることを伝えましょう。

保護者の相談：家で寝るのが10時過ぎになってしまいます

お返事の文例：寝るのが10時過ぎになってしまうとのこと、園で午前中眠そうな様子はないので、睡眠不足という状態ではないのだろうと思います。でもやはり十分睡眠をとることは大切ですし、毎日続くと心配ですよね。早起きから始めて、早く眠くなるようにしていく方法もあります。園でも外でたくさん体を動かして遊ぶよう促していきます。

ポイント：家庭での努力や事情に配慮しつつ、一緒に取り組む姿勢を伝えましょう。

3歳　着脱・清潔

> おおむね

{ 習慣ができる }　時間はかかりますが、自分で着替えられるようになり、外出後の手洗い・うがいなどの習慣も定着します。「ゆっくりでも自分でしたい」気持ちを尊重し、励ましましょう。

子どもの姿

- **時間はかかるが、おおむね自分で着替えられるようになる。**

- **握る力、つまむ力**がついてきて、ボタンやスナップを留めはずしできるようになったり、パンツの後ろ側に手を回して引き上げたりする。

- **服の前・後ろ、表・裏がわかる**ようになり、着るとき、たたむときなどに少しずつ意識できるようになる。

- 「外から帰ったら」「トイレのあとに」など、**手洗いやうがいが習慣化する。**

- **乳歯20本が生えそろう。**虫歯にならないようにという歯磨きの目的を理解して磨くようになる。

保育者の関わり

- ★ 着替えや準備など、まだ自分でするには時間がかかる。**ゆとりをもったスケジュールを立てる。**

- ★ 自分でやろうとする気持ちや、できることを尊重し、**援助は必要なときに「ちょっぴり・こっそり」**を心がける。

- ★ 常に「自分でがんばれ」ではなく、**状況をみて、励ましながら**手伝うようにする。

- ★ 手順の図示や、「汚れたから洗おう」「きれいになったかな？」といった言葉で、**目的や仕上がりを意識できるよう**働きかける。

- ★ 「歯をシュッシュ」のように、歯ブラシを動かすだけでなく、**磨く意識**をもてる言葉かけをする。

子どもに伝える服のたたみ方

Tシャツ

1 広げて置き、そでを内側にたたむ。

2 下から上へ半分にたたむ。

3 さらに半分にたたむ。

4 たたみ終わり！

ズボン

1 広げて置き、すそを上下半分にたたむ。

2 半分にたたむ。

3 たたみ終わり！

子ども自身がたためるようになるまで

着替えの練習とともに、服をたたんで整える片づけの学習も一緒に行いましょう。人形の服を着替えさせたり、服やエプロン、ハンカチなどをたたんだり、お洗濯ごっこなどあそびの中で楽しんで行ってもよいですね。

家庭との連携でお役立ち！ おたより・連絡帳に使える文例

保育者より：服を自分でたたむようになる

文例：外から戻ったあとの着替えの時間、一人の子が「たためるよ！」とTシャツのたたみ方を披露してくれました。お家の方と一緒に洗濯物をたたんだときに教えてもらったそうです。「ボクも」「教えて！」と、保育者も一緒にその場でたたみ方レッスンが始まりました。脱いだシャツをなんとかたたんだ子どもたち、慎重にカゴに入れていました。

ポイント：おたよりで各家庭での工夫や取り組みを紹介することも有効です。

保護者の相談：帰ってきても手洗いをしません

お返事の文例：外から帰ったときのうがいや手洗いは大切な習慣ですね。園では手洗い場が入り口近くにあり、部屋に入ったらそのままうがいと手洗いができる配置ですが、お家はいかがでしょうか？帰って荷物を置く場所を廊下の洗面所近くにするなどにできるようでしたら、ご自宅でも工夫されてみてくださいね。

ポイント：習慣づけるための工夫やアドバイスも文章に入れてみましょう。

5章 おおむね3歳

おおむね **3歳** 保育室の環境について

生活に必要な動作が「見てわかる・できる」環境づくりを

動線を意識したコーナー配置や、視覚的なカードの活用で、登園後の支度や片づけなど、生活に必要な習慣や動作を、子ども自身がその場で見れば自然にわかる・できる空間づくりを。また、マットや棚などでコーナーの境界を明確にし、それぞれのあそびの空間を保障します。

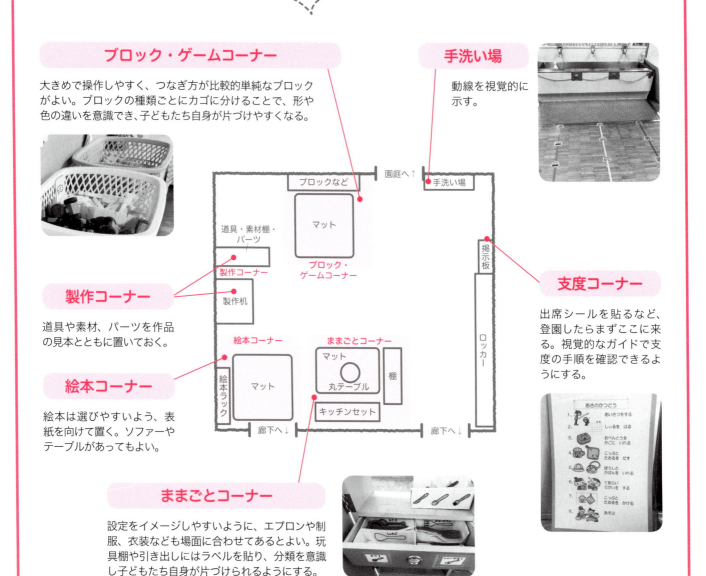

ブロック・ゲームコーナー
大きめで操作しやすく、つなぎ方が比較的単純なブロックがよい。ブロックの種類ごとにカゴに分けることで、形や色の違いを意識でき、子どもたち自身が片づけやすくなる。

手洗い場
動線を視覚的に示す。

製作コーナー
道具や素材、パーツを作品の見本とともに置いておく。

絵本コーナー
絵本は選びやすいよう、表紙を向けて置く。ソファーやテーブルがあってもよい。

支度コーナー
出席シールを貼るなど、登園したらまずここに来る。視覚的なガイドで支度の手順を確認できるようにする。

ままごとコーナー
設定をイメージしやすいように、エプロンや制服、衣装なども場面に合わせてあるとよい。玩具棚や引き出しにはラベルを貼り、分類を意識し子どもたち自身が片づけられるようにする。

6章

> おおむね

4歳

考える力が育ち、自分なりに目的やイメージをもって取り組むようになります。
仲間との思いのぶつかり合いを経験することも多い時期です。

4歳 運動機能（粗大）

おおむね

{ バランスが育つ }　全身のバランスを取る力が育ちます。また、2つの動作を同時に行うことができるようになり、道具を操作しながら進むといったことができるようになっていきます。

子どもの姿

- 片足を上げ、ケンケン跳びで前に進むなど、**2つの動きを調和させて同時に行う**ことができるようになる。また、スキップが上手にできるようになる。

- 大人に両足を持ち上げてもらい、**手押し車で進む**ことができるようになる。

- **全身のバランスを取る動き**が上手になり、ブランコを立ってこいだり、自分でこいだりして遊べるようになる。

- できないこと、苦手なことにも挑戦しようとする姿がみられるようになってくる。

- 足取りがしっかりし、30分以上歩くことができるようになる。

保育者の関わり

- 急に止まったり、いろいろな速さで走ったり、言葉などによる合図を聞いて動くあそびを楽しむ。

- チームで、みんなで、の活動を楽しめる時期。**リレーなどみんなで競ったり楽しんだりする活動を取り入れる**。

- **平均台での運動や、でこぼこした道や斜面など、起伏のあるところを歩いたり走ったり**するなど、バランス感覚を高める。

- がんばって練習する粘り強さが育つ時期。鉄棒や縄跳びなど、**練習して少しずつできるようになっていく姿を励まし、見守る**。

- 少し遠いところへ散歩するなど、長時間歩く経験を意識して取り入れる。

あそびの中で育つ基本的な動き

あそびには様々な動きが含まれています。例えば、鬼ごっこでは、「走る、止まる、よける、手を伸ばす」などの動きが不規則に繰り返されます。幼児は、あそびや生活を通じて、「基本的な動き」を獲得し、それらがその後のいろいろなスポーツを行うための土台となります。文部科学省が実施した調査では、「より多くの友達と活発に遊びを楽しむ幼児ほど運動能力が高い傾向」にあることが示されています（文部科学省 平成23年度）。

「体のバランスを取る動き」
- 立つ
- 座る
- 寝ころぶ
- 起きる
- 回る
- 転がる
- 渡る
- ぶら下がる

「体を移動する動き」
- 歩く
- 走る
- はねる
- 跳ぶ
- 登る
- 下りる
- 這う
- よける
- すべる

「用具などを操作する動き」
- 持つ
- 運ぶ
- 投げる
- 捕る
- 転がす
- 蹴る
- 積む
- こぐ
- 掘る
- 押す
- 引く

毎日体を動かすあそびを

現代の子どもたちの生活は体を動かして遊ぶ機会が減少しています。文部科学省の「幼児期運動指針」では、あそびを中心に毎日合計60分以上の運動が望ましいとしています。また、ポイントとして、以下を挙げています。

① 多様な動きが経験できるように様々なあそびを取り入れる。
② 楽しく体を動かす時間を確保する。
③ 発達の特性に応じたあそびを提供する。

自然に体を動かしたくなるような工夫を

廊下や園庭にラインを引いたり、用具の置き方を変えたり、少しの工夫で、いつもと違う動きやさらに挑戦しようという気持ちが生まれます。

おたより・連絡帳に使える文例

家庭との連携でお役立ち！

使ってみよう

保育者より　鉄棒の練習をがんばっていました

文例：今日も外で、お友達と一緒に前回りの練習をがんばっていました。タイミングよく体が真上まで上がることも何度かあり、もうあと少しで成功しそうな様子です。なかなかうまくいかなくても、真剣な顔で何度も何度もがんばっていました。かっこよかったです！

ポイント　結果や成果だけでなく、がんばっている姿を伝え、保護者と一緒に見守りましょう。

保護者の相談　少し歩くとすぐに「疲れた」と言います

お返事の文例：買い物先で言われると、困ってしまいますね。歩くだけでつまらないという気持ちもあるのかもしれません。商品を探してもらうなどお手伝いを頼んではいかがでしょうか。最近〇くんは外でも虫捕りをすることが多く、思い切り体を動かすことが少なくなっているかもしれません。体を動かして遊ぶよう園でも機会をつくっていきますね。

ポイント　提案するときは、すぐにできて、あまり負担にならないことからにしましょう。

> おおむね

4歳 運動機能（微細）

{ 左右の役割分担 } 左手で支えて右手で作業するなど、左右を連動させることができるようになり、細かな作業ができるようになってきます。必要に応じて、コツを言葉で伝えて援助しましょう。

子どもの姿

- ハサミで丸や三角形など、**線に沿って単純な形を切り取る**ことができる。

- 右手で砂をすくって、左手で表面をならす、など**左右で違った動きを合わせてできる**ようになる。また、右回し、左回し両方の動きができるようになる。

- 紙ひこうきなど、簡単な手順を覚えて折ることができるようになる。

- **見本などから作り方や材料を少しイメージできるように**なる。

- 四角形を描けるようになる。胴体に手足のついた人物を描くことができ、さらに服なども描けるようになる。

保育者の関わり

- ★ 作業をスムーズにできていない際は、「紙を動かすといいよ」「のりはちょっぴり」など、**コツを思い出せるような言葉を添える。**

- ★ **ねらいや、工夫について尋ね**、より多く、より上手になど、「よりよく」を目指そうとする子どもの思いを認める。

- ★ 基本ができているようであれば、「端はそろっているほうがきれいだよ」など、**丁寧さを意識できるように言葉をかける。**

- ★ **様々な材料や、見本を準備しておき**、「やってみたい」という思いを高める。子ども同士で教え合う機会を意識してつくる。

- ★ **描画については、経験による差や知的な発達の個人差**も影響する。他の側面の発達の様子もふまえて理解する。

描画の発達について

描画に必要な力

　絵を描くのに必要なのは、クレヨンなどの道具を操作する手先の力だけではありません。視覚的な情報を処理する力や、描こうとしている対象についての知識や部分と全体とを関係づける力など、複数の力が相互につながって働く必要があります。絵を描くことは、運動・感覚・認識の3つの力によって可能になる総合的な活動なのです。

描画の発達

① なぐり描き期（1～2歳頃）

　手を動かし、紙の上に線や点などをつける。何かを描こうとしているのではなく、手を動かすことや紙に跡がつくことを楽しんでいる段階であり、「運動性の描画」とも呼ばれる。2歳すぎには、閉じた丸を描けるようになる。

② 象徴期（3～4歳頃）

　何かを別の何かで表し操る力（＝象徴機能）が育ち、心の中にある好きな何かや誰かをイメージして絵を描く。○の中に、目や口などの部分をつけ、顔を描けるようになり、頭部から直接手足が出た「頭足人画」を描くようになる。

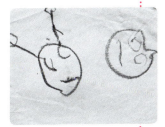

③ 知的写実期（4～7歳頃）

　知っているものや事を絵で表そうとする時期。車はこういうものだ、人はこういうものだ、という知識に基づいて描く。人は正面を向いて描かれることが多く、画面下方に地面の線を描く。全体を意識し、画面全体に様々なものを配置して描くようになる。

家庭との連携でお役立ち！

おたより・連絡帳に使える文例

使ってみよう

保育者より　泥あそびについて

文例：日差しが強くなり、泥あそびの機会が増えてきました。手足で大きな川やトンネルを掘りながら、子どもたちは次々変わる泥や砂の感触を楽しんでいます。汚れを気にせず、あそびを存分に楽しめるよう、汚れてもいい服での登園をお願いします。また、お洗濯などご負担をおかけするかと思いますが、ご理解とご協力をお願いします。

ポイント　子どもにとって大切な経験であることを伝えたうえで、協力を求めましょう。

保護者の相談　不器用すぎるのではと心配です

お返事の文例：スプーンなど以前よりかなりしっかりと握れるようになってきましたが、○ちゃんの場合、道具を握る力がまだ少し弱いようです。ハサミは薄めの紙であれば比較的スムーズに切ることができています。縄跳びやジャングルジムなど、外あそびの中でも、道具を使いこなすのに必要な握る力などを育てていきますね。

ポイント　成長したところを伝えつつ、具体的な課題とその対応を伝えましょう。

6章 おおむね4歳

おおむね 4歳　認知・言語

{ 言葉でのやりとり }　語彙力や言葉で表現する力がぐっと育ち、様々な言葉を使おうとする姿がみられるようになります。言葉がもつおもしろさや、ニュアンスの違いを実感できるようにします。

子どもの姿

- 経験した出来事などを、「〜が〜したから、〜は〜だった」のように複雑な文で伝えられるようになる。

- 絵本などの内容について子ども同士でやりとりできるようになる。

- 「ウンチ」「オマエ」など**汚い言葉や悪い言葉**をおもしろがって使う。

- 自分の名前など**文字に興味**をもつ。

- 慣れた場面なら「ハサミを片づけて、トイレに行って、帽子をかぶるよ」のような**3つくらいの指示**を理解し、実行できる。

- **時間の感覚や見通す力が育ち**、過去・未来について、少し長い時間軸で考えられるようになる。

- じゃんけんの勝ち負けなど、**簡単なルール**がわかり、あそびの中で使おうとする。

保育者の関わり

- みんなで話す機会を設け、**保育者が、話す・聞く・尋ねることのモデルとなる姿を示す**。

- 絵本を読んだあとに、話し合う時間を取り、共通の話題について語り合う楽しさを経験できるようにする。

- 表現が豊かになってきた姿として捉えつつ、**様々な言葉や言い方や、伝わり方の違いがあることに気づけるように**する。

- メモにとる、名前を書いておくなど、**大人や年長児が文字を活用する姿を見せ**、文字・数字が役に立つことを実感する機会をつくる。

- 言葉だけで指示の理解が難しい場合には、**絵や物などを合わせて示し、視覚的な情報も利用**できるようにする。

- **その日や翌日の予定を伝える、「次はなんだっけ？」と問いかける**など、順序や見通しを意識して過ごせるようにする。

- ルールのあるあそびを取り入れる。**最初にみんなでルールを確認してから**あそびを始めるようにする。

発達を促す具体的な働きかけ

スケジュールボード

子どもに一日の流れを伝える「スケジュールボード」は、多くの園で活用されています。一日には流れがあり、各活動の始まりと終わりで切り替えること、「外に遊びに行く前にトイレに行っておこう」のように次の活動を見通して行動することなど、スケジュールボードの活用は、子どもに時間感覚や見通す力が育つのに役立ちます。絵で、文字で、時計を使って、などそれぞれの年齢や子どもにとってわかりやすい伝え方でスケジュールを伝えましょう。

子どもたちの姿に応じて使う

スケジュールボードによって、安心して過ごせるようになる子、次の活動へと切り替えやすくなる子がいる一方で、予定にこだわり急な変更が受け入れられなくなってしまう子や、次の活動や終わりの時間が気になり、目の前の活動に集中できなくなってしまう子もいます。いつからスケジュールボードを使うか、何のために使うのか、スケジュールボードを使ってどのように伝えるのかなど、年齢やそれぞれの子どもたちの様子を見て考えながら使う必要があります。

こんなときは?!

❓ 子ども同士の戦いごっこが激しくなりすぎる

❗ 大人の心配を率直に伝え、楽しみ方を一緒に考えましょう

ごっこに夢中になるのは、この時期としては自然な姿です。しかし、興奮してけがなどにつながりやすいことも事実です。あくまで"ごっことして楽しむ"ということを子どもたちと確認し、「本気モードになったらやめる」「小さい子のそばではしない」など一緒にルールを考え、気になった際に再度確認するとよいでしょう。大人の心配を率直に伝え、どうしたら楽しく遊べるか考える機会につなげましょう。

家庭との連携でお役立ち！ おたより・連絡帳に使える文例

保育者より：夏休みの思い出について話し合う

文例：昼食時におじいちゃんの家での様子をお話ししてくれました。毎日セミ捕りに行ったことや、海へ泳ぎに行ったときに海水を飲んでしまったことなど、いろいろおもしろいお話をしてくれましたよ。久しぶりに会ったお友達の話も楽しそうに聞き、みんなでワイワイと食事を楽しんでいました。

ポイント：言葉のやりとりが豊かになっている様子を伝えましょう。

保護者の相談：まだ文字に興味がなさそう。大丈夫でしょうか

お返事の文例：確かに年中のお友達の中には、文字の読み書きができる子や、文字に興味をもっている子も増えてきました。この時期には、まず文字や文字の役割に興味をもち、生活の中に文字を使う場面がたくさんあることに気づく経験が大切だと考えています。その中で○ちゃんも少しずつ文字に興味をもってくれるといいなと思っています。

ポイント：園として大切にしたいことを、見通しとともに伝えましょう。

おおむね 4歳 自我・社会性

{ 葛藤が増える } 「〜すべき」という意識や、「こうしよう」というイメージをもてるようになり、やりたくないとき、できないときに自分自身や他者との間で葛藤を経験することが増えます。

子どもの姿

- **他者との比較**ができるようになり、自分の得意・苦手など自分のことがさらにわかるようになる。人からの評価を気にし始める。

- **場にふさわしい行動や相手の気持ちがわかる**ようになり、ゆずったり順番を待ったりできるようになる。

- こうしなければという意識と欲求のギャップ、思いと行動のギャップなど、**葛藤が増え、子ども自身が混乱する姿**が見られる。

- **仲のよい友達グループがある程度固定化**し、好きなあそびを楽しむ。仲間うちでけんかや仲間はずれと仲直りを繰り返す。

- 「**男らしい・女らしい**」**に関する意識**が強まり、「らしさ」に合わせてあそびや言葉づかい、仲間選びにこだわる姿が見られることがある。

保育者の関わり

- ★ 比べる意識が強くなりすぎないよう、**それぞれのよさを機会を見つけて伝えていく。**

- ★ ルールを巡っていざこざになることも、**どちらの気持ちも受け止めつつ、ルールがあることの意義を伝えていく。**

- ★ いろいろとわかり、できるようになったからこその葛藤として認め、**言葉で気持ちを整理する**など前向きに取り組めるよう支える。

- ★ **一方的な関わりや関係が固定化しないよう**見守る。必要な際には助言し、互いの気持ちに気づけるようにする。

- ★ 自己理解を深める途中の姿として否定しない。一方で「らしさ」にこだわる必要はなく、**いろいろな見方があることを示していく。**

性別やそれぞれの性にまつわる理解

ジェンダーについての学習

2〜3歳頃までには、男女の性別や、体に違いがあることに気づき、「自分は女の子」のように自分や他者の性別について理解し始めます。また、子ども向けのアニメーションや、年上の子どもたちのあそびや言動など、子どもたちの周りには、社会・文化的につくられた性差（＝ジェンダー）にまつわるものや経験がたくさんあります。子どもは、それらに触れることを通じて、ジェンダーについての理解や振る舞いを身につけていきます。

「男の子らしさ」「女の子らしさ」より、「その子らしさ」

保育者の言動を含め、保育の環境は子どもに大きな影響力をもちます。ものの選び方（例：「男の子用はブルー」「女の子用はピンク」）や、活動の仕方（例：男女別に並ぶ）、子どもたちに向けた言葉（例：男の子には「かっこいい」、女の子には「かわいい」）などにより、ジェンダーについての固定化した見方（＝ジェンダー・ステレオタイプ）を無意識に伝え、押しつけてしまっていないか、子どもに関わる大人が、自らの言動や価値観を振り返ってみることが大切です。

こんなときは？！

 性別について意識し始める時期。異性と遊ぶことが多い子を他の子がからかう

! **様々な友達と遊ぶ機会を保育者がつくりましょう**

仲よしの友達と好きなあそびを存分に楽しめるようにする一方で、様々な友達といろいろなあそびをする機会も設けていきましょう。また、保育者自身の姿や、絵本などを通じてジェンダーについて多様で柔軟な見方があり得ることを伝えていきましょう。

ジェンダーについて考えるおすすめ絵本
『ぼくのママは うんてんし』
作：おおとも やすお／福音館書店

おたより・連絡帳に使える文例

家庭との連携でお役立ち！ 使ってみよう

園外へ出かけたときの様子
保育者より

文例：昨日は近くの図書館へみんなで出かけました。「図書館では静かにお話しするんだよ」とヒソヒソ声で話しながら、じっくり本を選んでいました。いろんな場を経験することって大切ですね。

ポイント：お出かけは、園とは違った場の雰囲気や人との関わりを経験する貴重な機会。いつもと違う子どもたちの様子を具体的に伝えましょう。

仲よしグループで仲間はずれにされているのでは
保護者の相談

お返事の文例：仲よしの△ちゃんと遊べずがっかりしていたのですね。確かに昨日の午後、○ちゃんは他のお友達とままごとをしていました。様子をみていた保育者によると、何をするかで意見が合わず、けんかのようになってしまったようです。みんなで遊びたいとき、「これがやりたい」と遊ぶとき、その時々でそれぞれ思いがあるようです。今日は、3人で縄跳びをしていました。注意して様子を見守っていきますね。お友達との関係について、お気づきのことがあればいつでもお知らせください。

ポイント：これまでも心配な様子があった末の連絡かもしれません、できれば直接話しましょう。まずは確認し、保護者の心配に応える姿勢を示します。気軽に相談してもらうためのひと言を添えることも忘れずに。

6章 おおむね4歳

4歳 食事

おおむね

{ 箸が使えるように }　箸が使えるようになる子が多くなり、食べることだけでなく、会話や場の雰囲気を楽しみながら食事できるようになります。嫌いなものにチャレンジする姿もみられます。

子どもの姿

- 箸やスプーン・フォークを使い、だいたい自分で食べられるようになる。

- **会話を楽しみながら食べられる**ようになる。

- 食事の量の個人差が大きくなり、**子ども自身が自分が食べられる量がおおよそわかる**ようになってくる。

- 嫌いなものでも「栄養があるから」「食べたら元気になる」と理解し、食べてみようとする。

- テーブルを拭く、机を運ぶなど、**食事の準備や片づけをある程度自分たちでできるよう**になっていく。

保育者の関わり

★ 麺類は箸で、汁物はスプーンでなど、**メニューに合わせ食べやすい食具を考えて使う**よう促す。

★ **食事中のマナーやマナーの意義**について少しずつ伝えていく。

★ **一定の量を食べることを無理強いせず**、それぞれのペースで食べられる量を食べられればよいことを伝える。

★ チャレンジする姿を認める。また、**野菜の栽培や調理の手伝いなど、食材に興味をもつ機会**をつくる。

★ 自分たちで食事の場をつくるという意識をもてるよう、**係活動や手伝いをする機会**をつくる。

食事のマナーについて

マナーは一緒に楽しく食事するためのもの

人は単に栄養をとるためだけに食事をするのではありません。「一緒に食べること」は、人と人とのきずなをつくる社会的な役割をもっています。日々の食事は、そうした社会的なものとしての食事について学ぶ機会でもあります。こういった食事の役割を伝え、食事の際のマナーは、一緒に楽しく食べるために必要な心づかいを具体化したものだと伝えましょう。

子どもに伝えたいマナー①

- しゃべるときは口の中のものを飲みこんでから。
- 大声で話さない。
- 食事中は座って食べ、立ち歩かない。
- 他の人の食べ物に触れない。

子どもに伝えたいマナー②

身近な大人の姿から子どもは食事の仕方やマナーを学んでいきます。意識せずマナー違反をしていないか、点検してみましょう。

- 寄せ箸
- 刺し箸
- 迷い箸
- くわえ箸
- ねぶり箸
- 渡し箸

正しい食器の位置

正しい配膳は、食べやすさにつながります。お箸を持ち、逆の手でごはんの器を持つので、ごはんは左側になります。メニューにより多少変わりますが、食器の位置はおおよそ右図のようになります。

おたより・連絡帳に使える文例

家庭との連携でお役立ち！

使ってみよう

食事の楽しさについて

保育者より

文例：給食の時間、午前中のあそびのときの話で盛り上がり、みんなニコニコ、楽しい雰囲気で食べていると、一人が「みんなでお話ししながら食べるとおいしいんだよ」とひと言。「ほんとだね～」「でも見て、もう長い針があそこまで」。時計を気にしながら、会話も楽しめるようになってきました。

ポイント 生活の中で場の雰囲気や意味を学んでいる様子を伝えましょう。

最近、野菜をほとんど食べなくなってしまいました

保護者の相談

お返事の文例：急に苦手意識が生まれること、ありますね。園でも特にサラダなど野菜のみのおかずは残すことが多いようです、何かをきっかけに「野菜は苦手、食べない」と決めてしまっているのかもしれませんね。「ひと口だけでも食べてみよう」と声をかけ、食育として食材や栄養について知る機会なども利用して、少しずつ働きかけていきますね。

ポイント 一緒に理由を考えつつ、園での様子や対応を伝えましょう。

4歳 排泄

おおむね

{ 自ら排泄に } したくなったらすぐトイレに行く、外に出る前に済ませるなどができるようになり、ほとんど排泄を失敗することがなくなります。予定を考えて行動できるよう援助します。

子どもの姿

- **尿意や便意**を感じたら、自分でトイレに行き、排泄できるようになる。

- 排泄後におしりを拭くなど、後始末がほぼ自分でできるようになる。

- 活動の準備として前もってトイレに行くことの必要性が理解でき、進んでできるようになる。

- 昼間は、ほとんどの子がおむつを使用せずトイレで排泄できるようになる。**時々失敗はあるが、ほとんどもらさなくなる。**

- 人から見られることに恥ずかしさを感じ、ドアを閉めて排泄するようになる。

保育者の関わり

- ★ 尿意や便意を感じたら、**早めにトイレに行くことを意識づける。**

- ★ **おしりをかゆがる姿**がみられたら、十分に拭けていない、強く拭きすぎているなどの可能性がある。家庭と協力し、拭き方を確認する。

- ★ **その日の予定を伝える際、トイレのタイミングも確認し**、外あそびや午睡前など「〜する前にトイレ」が習慣になるようにする。

- ★ 失敗を過度に意識し恥ずかしがる子には、着替えなどの際に配慮する。意識が薄い子には、不潔なのですぐに着替える必要があることを伝える。

- ★ ドアをノックする、スリッパをそろえるなど、**保育者自身がマナーに配慮する姿を見せ、少しずつマナーを伝えていく。**

トイレの使い方について伝えたいポイント

大腸菌（うんちのばい菌）などの感染を防ぐため、みんなで気持ちよく使うためのものとして伝えます。必要に応じて図などを用い、目で見て実行できるようにします。

スリッパを履く

トイレと他の場所は違うこと、スリッパも「トイレ用」のものであることを伝えます。

トイレットペーパーの使い方

適切な長さで切り取り、たたむことを伝えます。図で示したり、ペーパーホルダーの20cmくらい下の壁に印を付け、「紙はここまで引っ張って」と伝えてもよいでしょう。

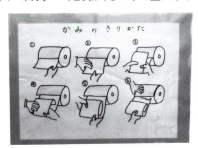

拭き方

拭き残しがあると、ばい菌も残ってしまうこととともに、正しい拭き方を伝えましょう。「前から後ろに拭く」「おしっこはトントンとおさえるように」「うんちはキュッと」「うんちが紙につかなくなるまで」などポイントを伝え、最初のうちは大人が仕上げに拭くようにします。特に女児の場合、尿道・膣への大腸菌の感染を防ぐために、「拭くときは前から後ろ」を徹底します。

トイレを出る前に手を洗う

「きれいになった？」と声をかけ、手洗いが形だけにならないようにします。

スリッパを元の位置に戻す

そろえる位置がわかるよう、床にスリッパを置く位置を示しておきます。

家庭との連携でお役立ち！ おたより・連絡帳に使える文例

保育者より：おしっこを失敗してしまった際の対応

文例：今日、外あそび中におしっこが間に合わず、少しもらしてしまい着替えました。早めに声をかければよかったのですが、申し訳ありません。久しぶりのことだったので、○ちゃんも気にしている様子でした。「一生懸命遊んでて間に合わないことはあるよ、着替えれば大丈夫」と伝えましたが、お家での様子はどうでしたでしょうか。

ポイント：お詫びとともに、家庭でのフォローをお願いしましょう。

保護者の相談：おねしょがなくなりません。病院に相談したほうがいいですか

お返事の文例：睡眠中は排尿コントロールができず、夜はしばらくおむつを使う必要がある子がほとんどです。成長の過程で夜に尿がたまらないようになるペースには個人差があるようです。排泄について気になる点がなく、○くんが気にしないようでしたら、もう少し夜は紙パンツを続けて年長さんくらいまで様子を見てもよいかなと思います。

ポイント：様子を見守る場合には根拠や「いつまで」の目安を伝えましょう。

4歳 睡眠

{ 午睡の個人差 } 家庭での睡眠の状態や、体力などにより、午睡をそれほど必要としない子も出始めます。個人に合わせ、午睡を無理強いしないようにします。

子どもの姿

- **睡眠時間は10〜13時間ほど、午睡は2時間ほど**になる。

- 体力がついてくるなどの個人差により、午睡をしない、あるいはできない子がみられるようになってくる。

- **眠ることの大切さや効果を理解できるようになる。**

- 午睡の前後の着替えや布団のことなど、**準備や後始末が自分でできる**ようになる。

- きょうだいの誕生や就学など、**家庭状況の変化により生活リズムが大きく変わる**ことがある。

保育者の関わり

- 家庭での睡眠の様子を確認し、生活リズムが整うよう午睡の時間を調節する。

- 眠ることを無理強いせず、**可能であれば場所を分け**、絵本を見るなど静かに過ごし、休息をとれるような環境を整える。

- 「よく眠れた？」「すっきりした？」など**眠りの質や効果について意識できるような働きかけ**をする。

- 自分で主体的に生活しようとする姿として認め、**できる限りゆとりをもって見守る。**

- 家庭での様子に気を配り、園でゆったりと過ごせるよう配慮する。**できればしっかりと午睡をとれるようにする。**

生活リズムを整えるために家庭へのアドバイス

家庭と協力して生活リズムを整えていきます。それぞれの家庭の状況を考慮して、無理せず少しずつ進めます。

眠りにつきやすい寝室環境

温度と湿度	ふとんの中が以下の状態を保つように室温や寝具を調整。 温度 32〜34℃　湿度 50±10% ※室温の目安　夏 26〜28℃／冬 20〜23℃
寝具	冬でも直接肌にあたるところは綿など吸湿性のよい素材のものにする。
照明	直接光が目に入らない位置にナイトランプなど弱い光を置く。起床時は太陽の光が入るよう、カーテンを開ける。

就寝・起床時間の目安

3〜5歳であれば、起床を7時頃とすると、9時までの就寝を目指し、最低限8時間以上の睡眠を確保する。遅く寝る場合も、起床時間は一定にすると、次の日の寝つきが早まり、生活リズムが整いやすい。

就寝・起床時のポイント

- 夕方〜就寝までは、テレビや照明など明るすぎる光は避ける。
- 入浴は就寝1時間前までに。
- 歯磨き・トイレを済ませてから就寝。
- 入眠後は明かりを消す。
- 起床時には太陽の光が入るように。

こんなときは?!

 就寝時のくせで指しゃぶりをする

 無理にやめさせず代わりの習慣づくりを

入眠に必要な習慣になっていることが多く、幼いうちは無理に止める必要はありません。5歳を過ぎ日中や就寝前に長時間の指しゃぶりがみられる場合、歯並びなどへの影響を考慮し、子どもと一緒に対策を考えましょう。

- 気づいた際は、言葉でおだやかに伝え、叱責しない。
- 絵本を読む、手をつなぐなど、代わりの入眠習慣をつくる。
- 日中、活発に遊ぶなど、眠りにつきやすい習慣、環境づくりをする。

おたより・連絡帳に使える文例

家庭との連携でお役立ち！ 使ってみよう

保育者より： 休み明けに毎週疲れがみられる子

文例：午前中少しだるそうな様子だったので、早めに外あそびを切り上げてお部屋で遊びました。昼食もいつもより進まない様子だったので心配でしたが、午睡後は少し立ち直り、午後は、元気に三輪車で走り回っていました。週末の様子はいかがでしたでしょうか？体調に気になる点がないか、引き続き見守っていただければ幸いです。

ポイント　少し様子を見て、気になる様子が何週間か続いた場合には伝えましょう。

保護者の相談： 上の子の就学で生活リズムが狂ってしまいました

お返事の文例：歩いての登校や宿題など、小学生は慣れるまで大変かと思います。生活リズムが安定するまで、しばらくはお子さんたちも、ご両親も手探りになりそうですね。園では最近、昼食中に時々眠そうな様子になることがあります。ある程度食べたら、無理せず切り上げて午睡にするようにしています。起きたあとは元気に過ごしています。

ポイント　一時的に仕方のない状況。園での様子や対応を伝え、安心感を。

6章　おおむね4歳

4歳 着脱・清潔

おおむね

{ 快適さを意識できるように } 服が汚れたり濡れたりした際に自分で判断し、着替えをするようになります。衣服や身の回りを自分で快適に整える意識をもてるよう、判断の機会をつくります。

子どもの姿

- 服が汚れたとき、汗をかいたときなど、**必要に応じて自分で考え、着替えられる**ようになる。

- プール時など、あとのことを考えて、脱いだ服を簡単にたたんでまとめて置いておけるようになる。

- **歯磨きやうがい、手洗いの習慣**が定着し、自分で忘れずにできる。

- 鼻が詰まっていたら、自分ではなをかむことができる。

- あそびのあとなど場所が散らかっていたら、**自分たちで片づけ**ようとする。

保育者の関わり

- 「〜だったら着替えようね」と**子どもに判断の機会を与え**、自分で快適に過ごせるよう考える力を育てる。

- 脱いだ服の片づけが、まだ習慣になっていない子もみられる。**「こうしておくと、あとで着替えやすいね」と伝え**、片づけることのよさを意識できるようにする。

- 歯磨きやうがい、手洗いが形式的になってしまっている場合は、「バイキン全部とれたかな」など**仕上がりや目的を意識できるよう確認する**。

- **鼻詰まりは口呼吸や睡眠不足にもつながる**。こまめにはなをかむ習慣を。かめない場合には家庭と協力してトレーニングを進める。

- 自分が使ったものにこだわらず、**「みんなできれいに」「片づいていると気分がいい、過ごしやすい」**という意識がもてるようにする。

「自分でできる！」生活習慣を目指して

　歯磨きやうがいなど、基本的な生活習慣が身についてきたら、それぞれを形式的にならず、仕上がりを意識してできるように、何のためにきれいにするのかという目的や、やり方、ポイントを折に触れ伝えます。

歯磨き　磨く順序

① **歯の表面**……奥→前→奥

"イー"の口で奥から全部の歯

② **歯の裏側**……奥→前→奥

"アー"の口で奥から全部の歯の裏
上の歯を磨くときは
歯ブラシクルン

できそうなら前歯の裏を「かかと磨き」で。

③ **奥歯の噛み合わせ部分**

はなかみ

　一方はふさいで片方ずつ、「フーンッ」と鼻から息を出す。鼻から息を出す練習、息を出せるか確かめるには、机にティッシュを小さくちぎり、丸めたものを置き、片鼻から出す息で飛ばす。または、顔の前にティッシュを垂らして片鼻から息を出す。

うがい

　4歳頃には、ガラガラうがいも少しずつできるようになります。まずは水なしで上を向いて「ア、ア、ア」と声を出して喉を動かす感覚を覚えます。少しずつ水を口に含んで練習していきます。

手洗い　手を洗う順序

石鹸をよく泡立てて……
手のひら→爪→親指→手の甲→指の間→手首

よくすすいで、タオルで拭く。

おたより・連絡帳に使える文例

家庭との連携でお役立ち！

保育者より：コーディネートを考えていました

文例：外あそびのあとの着替えの際、ずいぶん時間がかかっている様子なので、「どうしたの？大丈夫？」と尋ねると、「このズボンに合うTシャツがない」と悩んでいた様子。一緒にあれこれ合わせてみて、コーディネート、決まりました！○くんとショッピング気分で、楽しかったです！生活のいろいろを楽しめる○くん、すてきですね。

ポイント　生活の様々な場面からその子のよさを見つけて伝えましょう。

保護者の相談：何度叱っても、使ったら出しっぱなしが直りません

お返事の文例：園は集団生活なので使ったらその都度片づけが「お約束」ですが、お家では自分のペースで自由に遊べることも大切な気がします。食事前や就寝前など、決まったタイミングで片づけるのはいかがでしょうか。ご家族で「家でのお約束」を話し合って決めれば○ちゃんも守ってくれるのではないでしょうか。

ポイント　何かを提案する際は、各家庭の状況に合わせて、無理のない範囲で。

6章　おおむね4歳

4歳 おおむね 保育室の環境について

「いっしょに」「一人で」を意識した空間に

それぞれが安全に活動に没頭できるよう、十分なスペースを確保します。友達と一緒に楽しく活動する空間と、一人で集中したりクールダウンしたりできる空間とを意識し、家具や物を配置しましょう。

ブロック・積み木コーナー

作りかけの作品や、しばらく取っておきたい作品を展示するスペースがあるとよい。必要に応じて机を使用。

製作コーナー

棚には製作に使う道具、紙類（色紙、チラシ）、箱、カップなどの素材をまとめて。

箱は大きさや種類などで分け、子どもの目線からよく見えるように置く。

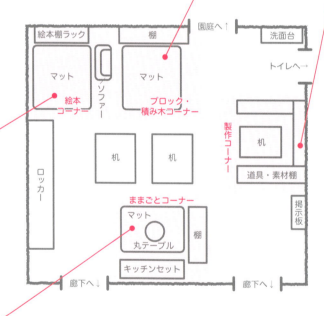

絵本コーナー

絵本は選びやすいよう、表紙を向けておく。ラグやソファーなどでゆったりできる空間に。

紙類などは色分けし、パーツとしてすぐ使える形や扱いやすい大きさにあらかじめ切っておくなど、子どもの発想や技術にあわせて準備するとよい。

ままごとコーナー

子どもたちと一緒に配置を考えて変更したり、使う小物や食材を作ったり、少しずつ「自分たちでつくったコーナー」に。

左側のテレビの画面は子どもたちが描いたもの。

洗濯物干しコーナーも。

7章

> おおむね

5・6歳

　協調性が育ち、仲間意識が生まれる時期。あそびや生活をさらに楽しめるように、自分たちで考え、工夫できるようになります。言葉で考えたり伝えたりする力も育ち、少し広い視野で物事を捉えたり、相手の気持ちをふまえて行動できるようにもなります。

5・6歳 運動機能（粗大）

{ おおむね }

{ 自分たちで楽しく }　空中でバランスを取り、向きを調節するなど、さらに複雑な動きができるようになります。また、みんなで運動あそびを楽しみ、ルールを工夫したりできるようになります。

子どもの姿

- **体のバランスを取る力、スピードをコントロールする力**が増し、急に止まったり方向転換したりが自由にできるようになる。

- **空中で姿勢や力をコントロール**できるようになり、跳び箱や逆上がりなど、様々な運動に挑戦しできるようになる。

- **柔軟性**が増し、前屈して床に手をついたり、足を伸ばして座り、足首や足先にタッチできる。

- **全身でリズム**がとれ、連続縄跳びやボールをつくことなどができるようになる。

- ジャングルジムなど、自分で**自由に上り下り**できるようになる。

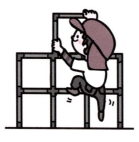

保育者の関わり

- 鬼ごっこや大縄跳びなど、**みんなで一緒に楽しめるあそび**の中で、思い切り体を動かせるようにする。

- 個人差がさらに大きくなる。個別対応し、**苦手な子にも挑戦の機会をつくり、練習して少しずつ上達する経験**を味わえるようにする。

- できたことだけでなく、**がんばっている姿勢や、自分で考えて工夫している姿**を認める。

- **みんなで教え合う、競争する、協力する**など、子ども同士の関わりが生まれるようにする。

- 場所や遊具を生かしてみんなで楽しく遊ぶにはどうしたらよいか、**ルールや工夫を子どもたち自身で考えるよう**働きかける。

がんばる心・挑戦する心を育てる

がんばる心を支えるもの

「できないかもしれない」という幼児期半ば頃からみられる葛藤を乗り越え、挑戦する心、ねばり強くがんばる心を支えるのは、「できてもできなくても自分は大丈夫」という**自己肯定感**と、「周りの人は自分を温かく見守ってくれている」という**信頼感**です。こうしたがんばる心の土台は、赤ちゃんの頃から、自分のすることを「できた・できない」にかかわらず周囲の大人が温かく見守り、必要なときには助けてくれるという関わりを続けることで育っていきます。

がんばる心・挑戦する心を支える大人の関わり

示す…挑戦した先の魅力的な姿に子どもが自然に触れられるような環境づくり。
（例）年上の子、大人が楽しんでいる姿を見せる。

待つ…無理強いせず、子どもが動きだすのを待つ。

褒める・励ます…「大人に認められたい」がきっかけになることもある。褒めるときには結果ではなく過程や気持ちに注目する。
言葉かけ例「やってみたんだ、がんばったね！やってみてどうだった？」

育てる…上達していく過程を具体的に言葉にし、子ども自身に見る目やコツをつかむ力を育てる。
言葉かけ例「走るとき、頭が前にグイッと出ていたね」「ちょっと変えてやってみようと思ったんだね」

見守る…子どものがんばりを見守り、援助は最小限に。

 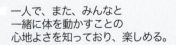

就学に向けて

- 一人で、また、みんなと一緒に体を動かすことの心地よさを知っており、楽しめる。
- 基本的な動き（立つ・走る・投げるなど）や、それらを組み合わせた動きがスムーズにできる。
- 目標をもって練習した経験、上達した経験があり、練習すればできるようになるという実感がある。
- 様々なスポーツや運動を見たり、やってみたりしたことがあり、興味をもっている。（水泳、ダンス、サッカー、鉄棒、体操など）

家庭との連携でお役立ち！ おたより・連絡帳に使える文例

保育者より 競い合って成長する姿

文例：園庭ではお友達と３人で縄跳びで、どちらが長く続けて跳べるか競争していました。以前はその場で跳ぼうとすると、すぐ縄を引っかけてしまったのに、３人とも30回近く続けて飛ぶことができて大喜び。上手に跳べるようになっただけでなく、体力や、集中する力などいろいろな力がついてきたんだな〜と嬉しくなりました。

ポイント 以前の姿を挙げつつ、成長した姿を共有しましょう。

保護者の相談 顔に水がかかるのも嫌がります

お返事の文例：確かにプールでは顔をぬぐったり、顔を背けたりする様子がありました。その中でも宝探しなど楽しそうに参加していました。夢中で活動するうちに少しずつ気にならなくなるといいなと思います。お友達の姿を見ていて、一緒にチャレンジしようという気持ちが芽生えることもあるかもしれません。あせらず見守っていきたいと思います。

ポイント 保護者が心配している点について、姿を具体的に伝えましょう。

5・6歳 運動機能（微細）

〔おおむね〕

{ コツコツ根気よく } 編み物など細かな作業を安定して根気よく続けられるようになり、手間ひまのかかる作品を何日もかけてコツコツと作ることができるようになります。

子どもの姿

- **固結び**ができるようになる。

- **手で筆記用具を細かく操れる**ようになり、文字を書くのに必要な動きができるようになる。

- 箱を組み合わせて貼る、思った形に切るなど、ハサミやテープなどの道具を使いこなしてイメージしたものを作れるようになる。

- 指編みやモザイクあそびなど**細かい作業を何日もかけて根気よく続けられる**ようになる。

- 三角形など複雑な形を描けるようになる。場面を描く際に**全体の構図**を考えて描けるようになる。

保育者の関わり

- ★ **縄跳びの片づけや人形あそび**など、日常生活やあそびの中で少しずつ練習できるようにする。

- ★ 文字の練習以外にも、写し絵、なぞり絵などの活動を準備し、**楽しみながら筆記用具をコントロールする力**や技術が身につくようにする。

- ★ **空き箱などの材料や道具をいつでも使えるよう準備**しておき、子どもが作りたくなる環境、作りたいときに作れる環境を整える。

- ★ 個人で、または**協同で、少し大きな作品や時間のかかる作品作り**の機会をつくる。

- ★ **子どもが描いた絵の構図や場面の選び方などにみられる工夫**にも目を向けるようにする。

記号・文字・数字を身につけるために

「読み」「書き」を身につけるまでのステップ

① 記号・文字・数字の存在に気づく。
② 記号・文字・数字の役割に気づく。
　(例) ロッカーに貼られた自分のマーク→自分の場所・物を表す。
③ それぞれの記号・文字・数字が表しているものがわかる、読める。
④ 記号・文字・数字のようなものを書いてみようとする。
⑤ 正しく記号・文字・数字が書けるようになる。

記号・文字・数字への関心を育てる

- 絵や図で示す（自分のマーク、物の場所、やることの手順など）。

- 絵や図と一緒に文字も添えて示す。

「書きたい」気持ちを育てるあそび

おてがみごっこ…書きたいときに書けるよう用紙を準備する、ポストを設置する。

○○ぐみニュース…何かあったときに、みんなに知らせるためのカードを用意し、掲示コーナーをつくる。

招待状作り…運動会など行事の招待状を子どもたちが作る。

就学に向けて

- 身支度や食事などの動作がスムーズにできる。
- ハサミやのりなど、よく使う道具で基本的な作業ができる。
- 鉛筆やクレヨンなどの筆記用具・画材でだいたい思い通りに線を引いたり塗ったりできる。
- 手先・指先を使った細かな作業を楽しみ、できばえを意識しながら製作活動などができる。
- 布や紙をたたむ、ひもを結ぶなどができる。

家庭との連携でお役立ち！

おたより・連絡帳に使える文例

使ってみよう

【保育者より】 もの作りをがんばる姿

文例：今日もじっくりと指編みマフラーに取り組んでいました。ずいぶんと手つきもスムーズになって、編み目を見ながら、引っ張り具合を調節し、職人さんのように丁寧に作業していました。お部屋で過ごす時間はずっとがんばって「こんなにできたよ〜」と嬉しそうに見せてくれました。すてきなマフラーができそうです！

ポイント 継続している活動の中で、みられる成長や変化を伝えましょう。

【保護者の相談】 持ち帰ってくる大きな立体作品に困っています

お返事の文例：今日もすごい大作ができあがりましたね！考えに考え、凝って作るのでそれだけに思い入れもあり、お家で大切にとっておきたい気持ちになりますね。お家に展示コーナーをつくって飾り、次の作品ができたらお子さん自身で写真を撮ったあと処分するというルールにされているお家もあるそうです。作品集ができるのも嬉しいですね。

ポイント 他の家庭での工夫を紹介して、ヒントになるようにしましょう。

5・6歳 認知・言語

{ おおむね }

{ 言葉で考える } 言葉で考える、言葉で自分の気持ちをコントロールするなど、言葉が内面でも働くようになっていきます。またみんなに向けて考えを言葉で伝えることができ始めます。

子どもの姿

- 自分の考えや経験をみんなに向けて言葉で伝えたり、話が聞けるようになる。**目標をもった話し合い**ができるようになる。

- 文字の読み書きに興味をもち、身の回りの文字を読もうとする。**自分の名前を読んだり書いたり**する。

- **言葉で考えたり、言葉で自分の気持ちを落ち着かせたり**できるようになる。

- 逆さ言葉など言葉のおもしろさがわかり楽しめる。

- 「これをするにはこれが必要だ」のように**簡単な手順を考えて進める**ことができる。

- 理屈が理解できるようになり、**原因など推測**するようになる。

保育者の関わり

- 日々の生活や保育の中で、**伝え合う活動、話し合って1つのことに取り組む活動**の機会を設ける。

- 文字を使う便利さを経験する機会をつくる。**興味をもった子が好きなときに、文字を学べるよう「あいうえお表」などの教材を準備**しておく。

- それぞれの状況で考えや気持ちを尋ね、言葉にする機会をつくる。**うまく言葉にできないときは代弁**する。

- 絵本や活動など、言葉あそびや多様な絵本で**言葉の表現のおもしろさ、豊かさ**を体験できるようにする。

- 「どうすればいいかな？」と考えるきっかけや機会をつくる。また、**保育者から子どもたちに相談する**など、一緒に考える機会をつくる。

- 理由を説明する際は、丁寧に。また、身の回りの「なぜだろう？」について**考えることを保育者自身も一緒に楽しむ**。

「聴く」力を育てる

大切な聴く力

　小学校の授業は、言葉でのやりとりが中心になります。中でも多くの時間を、話す・聴く活動が占めます。特に聴く力は、授業に参加し、学ぶ内容を理解するうえで最も大切なものです。1対1で話したことを聴いて理解することはできても、先生が前でみんなに向けて話した内容を、自分にも向けられたものとして聴くのは、幼児にとって、難しいことです。こうした力は、乳児期から積み重ねられてきた人との関わりを土台に、幼児期には、自分の興味関心に沿ったことを、具体的なわかりやすい言葉で保育者が伝えてくれるのを聴いたり、自分にとって大切なことをみんなで話し合う経験を積み重ねたりする中で、少しずつ育っていきます。一人ひとりに確かな「聴く力」が育っているか、しっかりと見極めましょう。

聴く力を育てるあそび

読み聞かせ…少し長めのお話を何日かに分けて読み、話のすじや登場人物を思い出しながら聴けるように。

素話（すばなし）…言葉や声色で物語を伝える。

インタビューごっこ…一人が前に立ち、みんなでその子に尋ねたいことをインタビューする。

私は誰でしょうあそび…ヒントを出していき、「わたし」が誰かを当てる、なぞなぞゲーム。
（例）「わたしは赤い色です」「わたしは丸いです」「わたしは果物です」→リンゴ

その他…クイズ、なぞなぞ。

就学に向けて

- 身の回りの物事に「なぜだろう」「知りたい」という思いをもつ。
- 文字の役割や、読み書きの便利さがわかり、自分の名前が読める。
- 数の経験（数える、分けるなど）があり、数字の意味がわかる。
- みんなに向けられた保育者からの話や指示を、聞いて理解できる。
- みんなと互いに伝え合う、話し合う活動に参加でき、楽しめる。
- 「こうしよう」「こうなるだろう」という見通しや計画をもって取り組める。

おたより・連絡帳に使える文例

家庭との連携でお役立ち！ 使ってみよう

保育者より：お手紙ごっこでの姿

文例：今日のお手紙ごっこでは、「〇ちゃんに書く」と張り切って取り組みました。わからない文字は、あいうえお表を見て、〇ちゃんの好きなキャラクターのイラストも添え、手紙を完成させました。〇ちゃんに手紙を届けると、読んでいる様子をちょっと照れくさそうに見ていました。お友達を喜ばせたいという気持ち、すてきですね。

ポイント　友達との関係が伝わるエピソードを伝えましょう。

保護者の相談：先生の説明が理解できていないのでは

お返事の文例：参観での様子を見てご心配になられたとのこと、確かに〇ちゃんは最初の説明の直後、どうするのかわからなかった様子でした。説明のあとには、それぞれの様子を見て個別に、やることを伝えたり、そばで見本を示すなどするようにしています。〇ちゃんの場合も、最初に少し個別に寄り添うことで、その後は自分で進められることが多いです。

ポイント　苦手について伝える場合には、「こうすれば大丈夫」も一緒に。

> おおむね

5・6歳　自我・社会性

{ 協力してがんばる }　みんなと協力し、目標に向けて工夫したりがんばったりできるようになり、その中で自分の役割を果たし、責任をもって行動することもできるようになります。

子どもの姿

- **集団でのあそびや、協力して一つのことに取り組むことを楽しめる**ようになり、みんなと一緒にがんばることができるようになる。

- ルールの役割を理解している。また、**必要に応じて自分たちでルールを修正する**ことができる。

- **当番や係などの活動を自分たちでできる**ようになり、役割を果たすことに喜びと責任感を感じる。

- 口げんかが増えるが、**自分たちで話し合って解決**できるようになる。

- 自分の感情を自覚できるようになり、**他者に言葉で伝えたり、自分で気持ちを落ち着かせる**などコントロールできるようになる。

保育者の関わり

- ★ **集団あそび**を多く取り入れる。行事などの際に、**子どもたち自身で考え工夫する機会**を設ける。

- ★ ルールの中には、必ず守るべきものと、時と場合により合意に基づき変えてよいものなど様々あることを意識させる。

- ★ **係でやることをカードにまとめたもの**などを用意し、子どもたち自身で忘れず役割を果たせるよう環境を整える。

- ★ けんかに安易に介入せず、**できる限り自分たちで解決できるようにし、解決できた姿**を認める。

- ★ 「どう思った？」「そのときどうだった？」などと尋ね、**気持ちを言葉にする機会をつくる**。

協同する力を育てる

協同につながる「そうだん」

子どもたちが一緒に活動する際に、できるだけ多く「そうだん」する機会をつくりましょう。「そうだん」には、見通しを立てる、振り返る、対策を立てるなどの"考える"、自分の考えを言葉で"伝える"、友達の考えを"聴く"、互いの意見を"折り合わせる"のように、この時期の子どもにとって大切な経験がたくさん詰まっています。「そうだん」で思いを伝え合いながら、さらに活動に取り組む中で、友達とのつながりも深まっていきます。

ルールのある集団あそび
鬼ごっこ、ドッジボール、フルーツバスケットなど、集団遊びの際に、みんなが楽しめるように、勝つために、どうしたらいいか「そうだん」をする。

テーマや役割のあるごっこあそび
お店屋さんごっこ、鉄道ごっこなど、ごっこ遊びの際に、どんな設定にするか、何を準備するか、誰が何の役になるのか「そうだん」をする。

行事に向けた準備と練習
必要なものは何か、誰が何を準備するか、どうやって作るか「そうだん」をする。勝つための作戦、練習のためのプランづくりの「そうだん」をする。

保育者は、話し合いを主導するのではなく、子どもたちが自分の思いを言葉にできるようにサポートし、子どもと子どもの言葉をつなぐように関わります。

言葉かけ例
「○くんはどう思う？」「〜って思うんだね」
「〜ってこと？」
「さっき、○ちゃんは〜って言ったけど、それについてはどう思う？」

就学に向けて

- 新しい友達に出会うこと、新しい人間関係を楽しみにしている。
- 人と関わること、みんなで一緒に活動することの楽しさや価値を実感している。
- 人との関わりの中で、言葉でも相手の気持ちや考えを理解でき、自分の気持ちや考えを伝えられる。
- 困難や失敗があっても粘り強く取り組むことができる。
- 困ったとき、周りの子の様子を参考にしたり、自分から助けを求めたりできる。

おたより・連絡帳に使える文例
家庭との連携でお役立ち！ 使ってみよう

保育者より 思いの強さからけんかに

文例：今日は○ちゃんと一緒に夏祭りの看板作りをがんばってくれていました。2人で仲よく作業をしていたのですが、途中で互いのアイデアがぶつかり、けんかに。2人とも「こっちのほうがいい」とゆずらず、明日また話し合うことになりました。一緒にすごいものを作りたいという気持ち、大切にしたいと思います。

ポイント：けんかは、背景にある子どもの成長も含めできるだけ丁寧に伝える。

保護者の相談 自信がないのか、「めんどくさい」とチャレンジしません

お返事の文例：新しいことや少し難しいことに挑戦するのは、勇気のいることですよね。「今の自分にできそうかどうか」ということをしっかり判断する目が育っているからこそ、ためらってしまうのかもしれません。すぐにできなくても少しずつできるようになること、途中で工夫したり努力したりすることの大切さなど伝えていきますね。

ポイント：なぜそう感じるのか、子どもの気持ちの背景について伝えましょう。

7章 おおむね5〜6歳

5・6歳 食事

【おおむね】

{ 食と健康のつながり } 食育活動などを通じて、食べることが自分の健康とつながっていることを理解し、バランスよく食べる意識をもてるようになります。食材などへの興味も生まれます。

子どもの姿

- **食べることと健康・成長とがつながっていることを理解**し、特定のものに偏らず、苦手なものもがんばって食べようとする。

- 食材・料理がどうできてくるのかというプロセスにも興味をもち、**クッキングや野菜の栽培活動**などを楽しめる。

- 食具を上手に使って食べられる。**基本的な食事のマナーが身につき**、自分や他の子のマナーに気をつけて食べられるようになる。

- 自分が食べられる量がわかり、加減できる。

- 時間を意識しながら**ペースを考えて食べられるよう**になる。

保育者の関わり

- ★ **食材とその栄養についてわかりやすい掲示などを用意**し、栄養について知識や理解を深めるようにする。

- ★ 栽培活動やクッキングなど、家庭でも園でも食に関する体験や機会を多く取り入れる。

- ★ **マナーは互いが不快にならず楽しい食事にするためのものである**ことを伝え、保育者も会話を楽しむ。

- ★ **自分で選ぶ、量を調節する**などの機会をつくり、感覚を育てる。

- ★ **あらかじめ目安の時間を知らせ**、遅れがちな子には時折、声をかける。

食への興味や知識を育てるために

知らせよう 3つのポイント

① 3つの栄養素
子どもの目につくところに掲示する、クイズで食事の際に「これは赤？黄？緑？」と一緒に考えてみる。

「**赤**」…体をつくるもとになる
（肉・魚・卵・牛乳・乳製品・豆など）

「**黄**」…エネルギーのもとになる
（米・パン類・めん類・いも類・油・砂糖など）

「**緑**」…体の調子を整える
（野菜・果物・きのこ類など）

② バランスよく食べる
3つの栄養素のどれもが必要なことや、「赤・黄・緑」がそろうように食べることを伝える。

③ よく噛んで食べる
噛んで細かくすると「栄養になりやすい」ことを伝える。

食への興味を育てる活動

野菜の栽培……世話をする経験の中で、野菜が育つ様子を知り、様々な人の手間や努力の末に野菜ができあがることを実感できる。

給食調理のお手伝い……「材料」「食材」への興味を育て、様々な形で生活を支えてくれる人の存在への気づき、安心感につながる。

クッキング……生活を自分で営む実感や、協同する力を育てる。

就学に向けて

- [ ] 食べることを楽しめる。
- [ ] 会話を楽しみながら食事ができる。
- [ ] 時間を意識して、時間内に食べられる。
- [ ] 栄養と健康とが関係していることがわかる。
- [ ] 新しい食材や食べ物に興味をもち、試してみようとする。

家庭との連携でお役立ち！ おたより・連絡帳に使える文例

保育者より ／ 栽培活動の様子

文例：年長クラスのみんなでお世話しているキュウリの水やりの際に、小さなキュウリができているのを〇ちゃんが見つけ、教えてくれました。「キュウリの形かわいい〜」とみんなと一緒に眺めていました。「トマトとサラダに入れてもらえばいいね」と早速メニューまで考えていました。

ポイント　継続している活動は折に触れて様子を伝えましょう。

保護者の相談 ／ 甘いお菓子ばかり食べたがります

お返事の文例：甘いお菓子、おいしいですよね。でも、食事に差し支えると栄養面も気になりますね。お菓子は「午後4時まで」「家族と一緒に」など、ご家庭に合ったルールを決めてみてはどうでしょうか。園では、体をつくる赤、エネルギーになる黄、調子を整える緑の3栄養素について学んでいます。お家でも食事の際に話題にしてみてくださいね。

ポイント　園での学びと、家庭での生活がつながるような情報を伝えましょう。

5・6歳 排泄

{ おおむね }

{ 予定をふまえて }　排泄の役割ができるようになります。また、次の予定や一日の流れをふまえて、あらかじめ排泄を済ませたりできるようになります。

子どもの姿

- その日、そのときの予定をふまえて**あらかじめ排泄**を済ませておくことができる。

- 使ったあとスリッパが乱れていたら並べるなど、**マナーや他の人のことを考えて行動できる**。

- 大便後におしりを拭くことを含め、自分でできるようになる。

- **排泄の状態と健康とが関係**していることを理解できるようになる。

- 初めての場所のトイレ、**和式トイレ**などでも排泄を済ませることができる。

保育者の関わり

- ★ 一日のスケジュールを伝え、その際、**トイレに行くタイミングについても考える機会**をもつ。

- ★ 「そうしておくと使いやすいね」と認め、**みんなで環境を整えて気持ちよく使う**、を意識できるようにする。

- ★ 折に触れ**「前から後ろだよ」**など伝え、子どもが自分の拭き方を点検し、正しい拭き方を思い出せるようにする。

- ★ がまんせずにトイレに行く習慣や、毎日便通があることの大切さなどについて機会をつくり、知らせていく。

- ★ 学校体験時などに小学校のトイレを利用する機会を設ける。家庭とも協力し、外出時など様々なトイレを経験する機会をつくる。

和式便器を使えるように

　小学校のトイレはまだ和式便器が使われていることも多いようです。使い方がわからなかったり、抵抗感があったりすると、学校で排泄をがまんすることにつながりやすくなります。就学に向けて和式便器の使い方を伝え、実際に使ってみる体験ができるとよいでしょう。

和式便器の使い方・言葉かけ例

① 前がどちらかを伝え便器をまたいで立つ

言葉かけ例
「丸いほうを向いてね」
「足を両方に置いて"またいで"立ってね」

② ズボンとパンツを下ろす

言葉かけ例
「ズボンとパンツをひざの下まで下ろしてね」

③ しゃがむ

言葉かけ例
「アリさんを見るときみたいに"しゃがんで"ね」

ワンポイントアドバイス

便器の両脇に足形をつけるとよい。
パンツが濡れそうだったら前から引っ張るよう声をかける。
しゃがむ際に怖がる子は最初のうちは後ろで支える。

就学に向けて

- 自分で失敗なく排泄できる。
- 早寝・早起きや朝ごはんの習慣が身についており、規則的に便通がある。
- 活動の区切りに、もしくはしたくなったら、自分でトイレに行ける。
- 予定を意識してトイレに行くことができる。

おたより・連絡帳に使える文例
家庭との連携でお役立ち！

保育者より — お姉さんの力を発揮！

文例：周りの様子をよく見ている○ちゃん、時々トイレのスリッパが乱れているのに気づくとさっと並べ直してくれています。今日、それを見ていた年中組の子どもたちが一緒にお手伝いしてくれていました！お姉さんパワーのすごさ、見ていて感動してしまいました。

ポイント 異年齢の関わりも園生活のよさ、積極的に伝えましょう。

保護者の相談 — 便秘気味で、1週間近く便通がありません

お返事の文例：今日、特に普段と変わった様子はなく、食事の量も通常通りでした。1週間近くの便秘、大変ですね。水分不足にならないよう、園でも気をつけて声をかけていきますね。便秘のことについて、受診されたことはおありでしょうか？今回のような状態が頻繁にみられるようなら、一度小児科などでご相談されるとよいかもしれません。

ポイント 元気だけど心配な症状は受診のタイミングを逃しがち。受診のきっかけを。

7章 おおむね5・6歳

おおむね 5・6歳　睡眠

{ 早寝・早起き }　眠ることの大切さが理解できるようになり、自分の体の状態を意識し休むことができるようになります。また、ほとんどの子がおねしょをしなくなります。

子どもの姿

- 午睡を必要としない子が多くなる。

- **疲れている、眠いなど自分の状態を自分で判断することができるようになる。**

- **眠ることと成長・健康との関係**を理解できるようになる。

- 夜ほとんど起きることなく、連続して眠れるようになる。

- ほとんどおねしょをしなくなる。

保育者の関わり

- ★ 長時間、保育所で過ごす子、家庭での睡眠時間が短い子など、**必要に応じて午睡や休息の時間を取り**、睡眠不足や疲労を防ぐよう配慮する。

- ★ 疲れたときや眠いときは、静かに過ごす、午睡するなど、**元気で過ごすため体調に応じて、子ども自身が調整できるよう**環境を整える。

- ★ 子どもと保護者のそれぞれに睡眠や規則正しい生活の大切さについて伝えていく。

- ★ 就学に向け、**早寝・早起きの習慣が定着する**よう、家庭と協力する。

- ★ 5歳児は8割ほどがほとんどおねしょをしなくなる。おねしょがある場合、**まずは就寝前の水分摂取や排泄習慣を見直す**。

早寝・早起き・朝ごはん 規則正しい生活リズムの大切さ

小学生に対する調査から毎日同じ時間に就寝・起床する、朝ごはんを食べる習慣があると答えた子どものほうが、学力が高い傾向にある※①、早寝・早起き・朝ごはんの習慣のある子どものほうが、イライラ、やる気が起きないなどの精神的な不調を感じることが少ない、自分で計画的に勉強する傾向が高い※②、などの結果が明らかになっています。

（注）これらの結果は、関連を示すものであり、早寝・早起き・朝ごはんを実行すれば学力が上がる、という単純な因果関係を示すものではありません。
※①文部科学省・国立教育政策研究所「平成25年度 全国学力・学習状況調査」(2013年)
https://www.nier.go.jp/13chousakekkahoukoku/data/research-report/crosstab_report.pdf
※②ベネッセ教育総合研究所「第1回 放課後の生活時間調査」(2008年)
https://berd.benesse.jp/shotouchutou/research/detail1.php?id=3196

気になる睡眠中の様子について

突然怖がって泣き叫ぶ
夜驚症……睡眠中に突然暴れたり、泣きだしたりする。目を覚ましたあと本人は全く覚えていない。睡眠のメカニズムが発達途上であるため幼児期に多く、思春期以降には症状がなくなることが多い。

寝ぼけたまま歩き回る
夢遊病……睡眠中に半覚醒のまま起き上がり、立ち歩いたり会話したりする。その場に起き上がるだけの場合もある。本人は記憶がないことが多い。幼児期に多く、思春期以降には症状がなくなることが多い。

いびきをかく
睡眠時無呼吸症候群……頻繁ないびきや呼吸の一時停止が起きる場合に疑われ、鼻炎なども原因となる。睡眠の質・量が低下し、日中の疲労やイライラ、落ち着きのなさにつながる。長期にわたると心身の発達に影響する。

就学に向けて

- 早寝・早起きの生活リズムが身についている。
- 元気で過ごすことと睡眠との関係がわかっている。
- 「疲れた」「元気」など自分の体調がわかり、体調に応じた行動がとれる。

おたより・連絡帳に使える文例
家庭との連携でお役立ち！

保育者より：午睡はその日の様子に合わせて

文例：このところ年長さんはほとんどがお昼寝せず、お部屋で活動することが多いのですが、○くんが今日は午後少し眠そうな様子だったので、「眠かったら少し眠るといいよ」と伝え、30分ほど眠りました。その日によって疲れていたり、眠いことがあると思いますので、その日その日で様子を見守っていきたいと思います。

ポイント 家庭での様子に影響しそうな点は必ず伝えましょう。

保護者の相談：昨日はめずらしく夕食の途中で眠ってしまいました

お返事の文例：このところ年長さんはほとんどがお昼寝をしなくなり、○くんもなしで過ごしました。昨日、午前中のリレーあそびで疲れていたのですね。気づかず申し訳ありませんでした。お昼寝なしが習慣になっても、その日によって疲れていたり、眠いことがあると思いますので、その日その日で様子を見守っていきたいと思います。

ポイント 年長は園生活にも様々な変化が。家庭との連携をいっそう意識していきましょう。

> おおむね

5・6歳 着脱・清潔

{ 持ち物の管理 }　身だしなみを自分で整えられるようになります。持ち物を整理し自分で管理する力や、部屋を居心地よく工夫するなど、自分たちで環境を整える意識を育てましょう。

子どもの姿

- 「虫歯にならないように」など、**目的や仕上がりを意識して、**ひと通り自分で歯を磨いたり、顔を洗ったりできる。

- 暑さ・寒さを考えて服を選んだり、調節したりできる。

- ハンカチやティッシュを携帯して、必要に応じて使うことができる。

- あそびが終わったり時間になったら、自ら、また協力して片づけ始めることができる。

- **自分のロッカーや持ち物を管理し、**必要に応じて整理することができる。

保育者の関わり

- ★ 歯磨きや着替えなど、生活習慣のポイントを折に触れて伝える。**洗面スペースにポイントや手順を掲示**しておく。

- ★ 外あそびの前後に、**暑さ・寒さを自分で意識し、必要ならば一枚はおったり、脱いだりするよう声をかけ、**判断の機会をつくる。

- ★ 年明けぐらいから、**家庭と協力してハンカチ・ティッシュを持ち歩けるようにし、**トイレのあとなどに使うようにする。

- ★ 片づけやすい環境になっているか点検する。一日のスケジュールをわかりやすく示す。**年末や年度末など、部屋全体の大掃除・整理も子どもと一緒に。**

- ★ 常に「自分で管理するもの・場所」という意識がもてるようにし、**節目には、みんなで整理・整頓を行う。**

自分で自分を守る力（安全教育）

小学生になると登下校など一人で過ごす時間が増えます。大人が子どもの安全を守るだけでなく、子ども自身が自分を大切にし、危険な状況や相手から身を守る力を身につけていくことが大切です。避難訓練などのときだけでなく、機会を見つけて様々な危険について、またその対処法について伝えていきましょう。

災害から身を守る
避難訓練や小さな地震があった際に、とっさにとるべき行動、避難経路を確認する、危ない場所（塀や高い家具など）を考える。

交通事故から身を守る
散歩などの機会を使い、基本的な交通ルールを確認する。

犯罪から身を守る「いか・の・お・す・し」
「いか」＝ 知らない人について**いか**ない
「 の 」＝ 車に**の**らない
「 お 」＝ **お**おきなこえでさけぶ
「 す 」＝ **す**ぐににげる
「 し 」＝ 身近な大人に**し**らせる

虐待から身を守る
大人や年上の子どもから叩かれる、蹴られる、食事を食べさせてもらえない、口や体で水着や下着で隠しているところを触られる・触らされた、など、どんな行為が虐待にあたるかを具体的に示し、信頼できる保育者に知らせるよう伝える。

安全教育におすすめの絵本
『とにかくさけんでにげるんだ わるい人から身をまもる本（いのちのえほん）』作：ベティー・ボガホールド
訳：安藤由紀　絵：河原まり子／岩崎書店

就学に向けて

- 時間を意識して自分で手早く着替えられる。
- 気候や活動にふさわしい服装を考え、調節できる。
- うがいや手洗い、はなかみ、マスクや汗拭きなどの習慣が身についている。
- 使ったら同じ場所にしまうなど、持ち物を管理する習慣が身についている。
- 自分たちが使う場所をきれいに保とうとする。
- ぞうきん、ほうきなどを使った経験がある。

おたより・連絡帳に使える文例
家庭との連携でお役立ち！　使ってみよう

保育者より　就学に向けて

文例：就学に向けて、必要なときにハンカチ、ティッシュを使うことを習慣づけていきたいと思います。朝の支度時など、最初のうちはご無理のない範囲で一緒に持ち物の確認などしていただけると、習慣として身につきやすいかと思います。お手数をおかけしますが、どうぞよろしくお願いします。

ポイント：就学に向けて家庭での習慣も点検できるようポイントを伝えます。

保護者の相談　忘れ物が多くてすみません

お返事の文例：かごの大きさも限られていますし、日により着替えの回数も違うのでなかなか難しいですよね。貸し出し用の服がたくさんありますので、ご心配なさらないでくださいね。お子さん自身がロッカーを管理、整理整頓できるよう、着替えの際など声をかけるようにしています。お家でも「着替えは足りてるかな？」と尋ねてみてくださいね。

ポイント：就学に向けてつけたい力を、家庭にも具体的に伝えます。

5・6歳 保育室の環境について

おおむね

子どもたちと一緒に空間づくりを

みんなで長期にわたる製作活動をするなど、その時々で活動に必要な空間・物も変化します。どんなコーナーを設けるか、どんな構成にするか、その都度見直します。コーナーづくりを子どもたちと一緒に行い、使いやすい・過ごしやすい空間を自分たちで考える経験ができるようにしましょう。

ブロック・ゲームコーナー
時間をかけて作ることも多いので、作った作品を展示したり、写真で掲示したりするスペースが充分にあるとよい。

製作コーナー
箱や空き容器、リボン、木の実や貝などの自然素材など様々な材料をストックしておくようにする。ままごとで使う道具や、家具、看板などの大きなものを作ることも想定する。

図書コーナー
絵本だけでなく、図鑑など調べるための本、その時々の子どもたちの興味に関連する本なども置いておく。本を見ながら書く作業ができるよう、紙や鉛筆なども準備するとよい。

掲示板
あいうえお表や当番表、スケジュール表、ルール表など、子どもたち同士で話し合ったことや調べたこと、見つけたことなどを掲示して共有できるように。

ままごとコーナー
お店、レストラン、病院などいろいろなごっこあそびを想定。子どもでも移動できるテーブルや棚、大型積み木などを置く。子どもたち自身が配置を考えたり、製作コーナーで必要な道具を作ったりするなど、自分たちで場をつくりながら遊べるように。

フリースペース
ごっこあそびのために製作したり、作るために調べたりと、活動がいっそう複合的になる。その時々の子どもたちの様子に合わせ、スペースを設けたり、コーナーを柔軟につくり替えたりする。

子どもたちの経験や発見を新聞にして掲示。

8章

発達につなげるために

幼児期の終わりまでに育ってほしい10の姿や、
小学校への接続についてなど、
子どもの発達につなげるための情報をお伝えします。
また、すぐに活用できる
おたより作成のポイントや文例も紹介します。

幼児期の終わりまでに育ってほしい 10 の姿

乳幼児期の日々の積み重ねにより育まれた子どもの姿を、小学校へ伝え、共有できるように具体的に表したものが「幼児期の終わりまでに育ってほしい姿」（10の姿）です。

> ☐ **10の姿** 『保育所保育指針 第1章「総則」4 （2）幼児期の終わりまでに育ってほしい姿』より
> ─────────────
> （2）幼児期の終わりまでに育ってほしい姿
> 次に示す「幼児期の終わりまでに育ってほしい姿」は、第2章に示すねらい及び内容に基づく保育活動全体を通して資質・能力が育まれている子どもの小学校就学時の具体的な姿であり、保育士等が指導を行う際に考慮するものである。

10の姿とは？

10の姿は「到達目標」でも「幼児期の終わりの完成形」でもありません。「育ってほしい姿」とされているのは、子どもの育ちの経過を意味していて、子どもたちがそのような姿に向かっていくことを示しています。長い育ちの中で「5歳児の終わりにはこういうことができるようにならなくてはならない」と捉えるのではなく、生活やあそびの中でこのような姿が現れてくるといったことを、保育所、幼稚園、幼保連携型認定こども園の3つの幼児教育機関と小学校とで共有していくことが必要とされています。保育者は、具体的な子どもの姿を意識しながら、「目標」として子どもを評価するのではなく、目の前の子どもたちの姿を出発点に、日々の丁寧な保育の積み重ねが子どもの「姿」につながっていくということを意識して保育を行うとよいでしょう。

健康な心と体

子どもたちが安心できる環境の中で、心も体も安定した状態であそびに夢中になり、生活に向かっていくことが土台として必要になります。そうしたあそびや生活を通して、自らの活動や行為を振り返ったり、時には仲間の中で自分の意見を言ったり、一緒に考え、「自分たち」で健康で安全な生活をつくろうとする姿が見られるようになります。子どもたちが自らの体に関心をもち、生活の中で試行錯誤できる空間や時間を保障することが大切です。

自立心

やり遂げられるかを考え、見通しをもちながら、友達や保育者とのやりとりの中で工夫を重ねていきます。そして、失敗ややり直しを重ねていく中で、満足感や達成感を感じ、自分への肯定感（自信や期待）を深めていきます。保育者は「できる」や「上手」を評価するのではなく、繰り返したり、やり直したり、工夫を重ねたりする中で、子ども自身が「できた！」「やったー！」と感じられる機会をたくさんつくっていくことが必要です。

協同性

子どもたちは他の子との関わりの中で、互いに影響し合い、時にはぶつかり合いながら、自分づくりをしていきます。そして、生活やあそびを共にする中で、「一緒にやりたい」「みんなと作り上げたい」といった気持ちを膨らませていきます。自分以外の考えに触れ、人との関わりの中で生じる「ゆずり合い」や「折り合いをつける」ことを経験し、自分たちの達成感や満足感に向けて、試行錯誤し、工夫していく体験を重ねていけるようにしましょう。

道徳性・規範意識の芽生え

子どもたちは日々の生活の中で、つまずきやぶつかりといった葛藤と出会います。そして、それを乗り越えようとすることによって、相手の思いに気づいたり、自分の行動を変えたりする姿が見られるようになります。初めは自分の思いを主張しながらも、「順番に使うからもう少し待とう」「ルールを守って遊んだほうが楽しい」と、自分の気持ちをコントロールし、相手の立場になって考えるという経験を、あそびや生活の中で体験していくのです。

社会生活との関わり

子どもたちは、様々な人に出会い、関わりをもちながら、地域に暮らしていることを感じ取っていきます。家族や地域の方々と触れ合う中で、「遊んでもらう」「お世話してもらう」という存在から、自分たちができることを見つけ、感謝されるといった経験へと発展し、社会への親しみを深めるようになるでしょう。また、地域の人々が使う様々な場所に出かけていくことで、社会への興味や関心、実際の使い方などを覚えていきます。

思考力の芽生え

子どもは身近な環境に関わる中で、様々な出来事に出会い、好奇心を膨らませ、疑問や関心を出発点として自分たちなりの結論を見つけ出そうとします。物事の仕組みに関心が向かうとき、物事を注意深く見て、深く考える習慣が身につきます。また、友達と考えることで、自分以外の意見に出会い、一緒に新しい考えや楽しさを生み出していきます。大切なことは、正解を導き出すことではなく、試行錯誤する過程にあるのです。

自然との関わり・生命尊重

子どもが出会う環境の中でも「自然」は不思議や感動に満ちています。この時期にたくさんの自然に触れておくことは、その後の「科学する心」や「生命に関する教育」の土台となります。そして自然に触れる経験により、自然との関わり方や共存の仕方を実感し体得していきます。大きな自然がなくても、身近にいる生き物の飼育や植物の栽培など、保育者が工夫をし、自然との出会いや親しみを育んでいけるようにすることが大切です。

数量や図形、標識や文字などへの関心・感覚

身近な環境には、カレンダーや絵本、自分や友達の名前などたくさんの数や図形、文字があります。子どもたちは生活やあそびの中でその形に気づき、どのくらいあるかを数で表すこと、文字にはそれぞれの形によって読み方が違うことなどを知っていきます。数量や図形、文字と出会い、その必要性や意味を、子ども自身の体験の中で感じられるような楽しい環境や活動を保育者は準備する必要があるでしょう。

言葉による伝え合い

子どもたちは身近な大人との関わりや友達とのやりとりの中で言葉に出会います。その際には話し方や言い回しに興味をもち、新しい語彙を覚えると生活やあそびの中で使ってみようとします。言葉が使えることや、語彙数が評価されるのではなく、伝えたい思いがあふれる生活の中で、身近な大人や友達と思いを伝え合うことを大切にしましょう。また、大好きなお話や絵本があることで、言葉の世界は大きく広がっていきます。

豊かな感性と表現

すてきだな、きれいだなと心が動かされるとき、子どもはその感情をいろいろなものを使って「表現」しようとします。様々な体験を通して、いろいろなものと出会い、感動や驚きを味わうことで感性が豊かになり、表現する喜びを重ねていくことができるのです。作品の完成度や達成度で子どもの表現を評価するのではなく、表現しているときの子どもの気持ちや喜びに気づき、受け止め、さらに豊かに表現できるよう、保育者は助けることが大切です。

幼児期から小学校への接続

幼児期から児童期へ、子どもの発達・学びが途切れることなく連続したものとなるよう、幼児教育と小学校教育とのスムーズな接続が求められています。

　幼児期全体を通じて、その先の児童期を見据えた保育を行っていく必要がありますが、特に年長の後半から小学校1年生1学期頃までの期間は、「接続期」とされ、保育所などから小学校への橋渡しのための期間とされています。
「接続期」の前半は**アプローチ期**、後半は**スタート期**として、保育所などと小学校のそれぞれが円滑な接続を意識した取り組みを行います。

保育所・幼稚園・認定こども園 → 小学校

接続期
- アプローチ期　5歳児9月頃〜
- スタート期　〜1年1学期頃

幼児教育の特徴
- 5領域（健康、人間関係、環境、言葉、表現）から成る生活と経験を重視したカリキュラム
- 子どもの生活リズムに合わせた1日の流れ
- 遊びや生活を通じ、総合的に学んでいくために工夫された環境の構成

学校教育の特徴
- それぞれの教科等の学習内容を系統的に学ぶカリキュラム
- 時間割に沿った1日の流れ
- 主に授業を通じ、系統的に学ぶために工夫された学習環境

アプローチカリキュラム

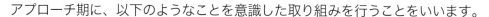

アプローチカリキュラムとは？

アプローチ期に、以下のようなことを意識した取り組みを行うことをいいます。

☐ 子どもが安心して小学校での生活や学習に入れるように準備する。

☐ 幼保と小で共通理解とした「目指す子どもの姿」「育てたい力・姿」の視点から保育を見直したり、計画したりすることで、幼稚園・保育所での学び・育ちが、小学校以降の学び・育ちにつながり、生きるようにする。

小学校教育を前倒しすることではないことをおさえておきましょう。

具体的には

保育のそれぞれの活動の中で「育つ力・姿」や教科につながる力を明確にする。小学校見学や交流活動（小学校の施設を使わせてもらう、生活科の活動に参加する、行事に参加、など）の実施。

スタートカリキュラム

スタートカリキュラムとは？

小学校へ入学した子どもが、幼稚園・保育所などでのあそびや生活を通した学びを生かして、安心して新しい学校生活を送れるようにするためのカリキュラムです。入学当初は、クラスや学校に慣れるための活動や、幼児期の学びの姿に近い、子どもの願いや思いを生かした体験を通じた学習活動を行い、少しずつ各教科の授業に近づけていきます。

具体的には

学級内での活動や、生活科の学校探検などの活動を中心とした学習活動を行い、学校生活に安心感をもち、学校での生活に必要な習慣や技術が身につくようにします。

スタート期のある日の時間割

朝の会・1時間目	2時間目・3時間目・4時間目		
「なかよくなろう」 （音楽・国語） ・手あそび ・お話読んで ・お話聞いて ・歌って踊ろう	「がっこうだいすき」 （国語・生活・図工） ・学校探検に行こう ・探検に行って見つけたことをカードに絵や文字でかこう	給食	掃除

［小学校との連携（幼保小連携）］

幼児期での学びや育ちがその後にしっかりとつながるように、また、それぞれの子どもが不安なく小学校生活に入っていけるよう、保育所などと小学校との連携が求められています。

　子ども同士の交流の機会だけでなく、以下のような形で情報交換や職員同士の交流を行い、個別の子どもについての情報交換や、互いの保育・教育についての理解を深める機会としています。

保育・指導要録の送付

指導要録とは
- □ 保育所児童保育要録
- □ 幼稚園幼児指導要録
- □ 幼保連携型こども園園児指導要録

　要録とは、小学校に向け、個々の子どもの様子・状況を伝えるための文書です。それぞれの自治体により様式は異なりますが、情緒・健康状態などに関する様子、5領域それぞれの育ちの様子などについて記録します。園で過ごしてきた期間全体のこれまでの子どもの様子、保育を振り返ったうえで記入します。

入学前後の情報交換会

　保育所・幼稚園などと小学校の教職員同士が実際に顔を合わせて意見交換などを行います。就学前の引き継ぎや、子ども同士の交流のための打ち合わせ、互いの保育・授業を参観した際など、様々な機会を捉えて行われます。

互いの保育・授業の参観・参加

　就学前後の個々の子どもたちの様子を把握するために、また、互いの保育・教育や子どもたちの生活の様子について理解を深めるために行います。日常の様子を見学する参観という形で実施している場合や、実際に保育や授業に参加して子どもたちと関わる参加体験を実施している場合など、園や学校により様々です。

互いの指針・要領に目を通し、理解する

　保育所の保育や小学校の教育、お互いどのような考え方に基づき、どのように行われているのか、どのような子どもの姿を目指して行われているのかを理解しておくのはとても重要なことです。指針や要領に目を通し、理解を深めるとともに、新しい動向にも関心を向けておくようにしましょう。

就学までの流れ

一般的な就学までのスケジュール

学校説明会など　　　　　就学相談説明会など

↓　　　↓　　　　　　　　↓

就学時健康診断【新1年生】（10〜11月）

就学相談申し込み（6〜8月）
9月以降は随時個別に受け付け

↓

就学相談の実施（7月〜）

↓

就学先決定
（特別支援学級、特別支援学校は体験入学なども）

↓

就学通知書の送付（1月中旬）

↓

入学説明会・新1年生保護者会（2月）

↓

入学式（4月）

発達の気がかりがある子の就学について
〜保育者ができること〜

☐ 小学校生活に必要なスキルが身につくようにする。

☐ 保護者が進路を決めるうえでの相談相手になる。
　判断材料を保護者に提供する。

☐ 子どもの特徴や、必要な援助について
　しっかり小学校に引き継ぐ。

就学援助制度について

　就学について経済的な不安がある児童の保護者に対して、各自治体が補助を行う制度です。学用品費や通学費、給食費などが補助の対象となっています。各自治体により援助を受けるための基準や援助の内容が異なります。援助を受けるには各自治体への申請が必要です。勤務する自治体での援助制度の内容や申請スケジュールなどを把握し、必要なときに保護者に情報提供できるようにしておきましょう。

保育者の基本姿勢

子どもの発達を見守るうえで大切にしたい、10のポイントです。

基本姿勢 1　子どもから安心・信頼される大人に

どんな援助も、子どもとの間に安心感・信頼感があることが前提です。安定した環境や生活の流れの中で一緒に過ごし、子どもの気持ちに大人が寄り添う関わりを続けると、大人に対する安心感や信頼感が育ちます。

基本姿勢 2　年齢ごとの発達は理解や援助の手がかり

各時期の一般的な発達の姿や、発達過程を理解することは、目の前の子どもの、これまでとこれからの姿を想像する手がかりとなります。しっかりとおさえておきましょう。

基本姿勢 3　一人ひとりの理解を基本に

それぞれの子どもは、もっている特性も発達のペースも異なります。一般的な発達の姿は、あくまでもその子を理解するための手がかりの一つとして、具体的な場での様子をしっかり観察し、援助を考えましょう。

基本姿勢 4　どんな力が育つのか、育っているのかを常に意識する

あそびや生活にいろいろ取り組む中で、子どもの力は育ちます。様々な活動をすることでどんな力が育っていくのか、どんな力に支えられて今の姿があるのかを常に意識しながら子どもの活動を見守りましょう。

基本姿勢 5　子どもが見て学んでいる時間を大切に

他の子どもが、何かに取り組んでいる姿に触れる機会が多くあることが、園のよさです。他の子の姿を見る経験が、「自分もやってみよう」につながります。見ている子どもの姿は学んでいる子どもの姿です。

基本姿勢 6
「やってみたい」の芽生えを見逃さない

「やってみたい」という気持ちの芽生えは視線やしぐさに表れます。芽生えたタイミングを逃さず働きかけること、子どもがやってみたいと思ったときにチャレンジできる環境を整えておくことが大切です。

基本姿勢 7
大人は常に「お手伝い」の意識で

最終的なゴールは子ども自身が「自分でする・できる」ようになることです。どんな段階でも、子どもが「お世話されているだけ」「させられているだけ」にならず、主体的に経験できるように、子ども自身が自分でできる部分をつくれないか考えましょう。

基本姿勢 8
それぞれのペースややり方を尊重する

活動に取り組むペースやタイミングは子どもによって違うはずです。できる限りそれぞれの子どもに合わせられるよう、余裕をもったスケジュールや態勢を心がけ、援助のタイミングや手順が大人の都合になっていないか意識しましょう。

基本姿勢 9
環境や援助の関わり方を常に見直す

発達がめざましい乳幼児期。環境や援助のやり方や方向性が今の子どもの姿に合っているか、常に見直しましょう。「困った姿」がみられるようになったときは、子どもの変化のタイミングかもしれません。援助を見直してみましょう。

基本姿勢 10
子どもの姿を周りの大人と楽しんで見守る

日々の子どもたちの姿や成長は、ともに過ごす大人に喜びや驚きを与えてくれます。子どもの成長やかわいらしい姿を同僚や保護者と共有し合い、みんなで楽しく子どもの成長を見守りましょう。

保育者 Q&A

保育の現場で働く先生方からの質問にお答えします。子どもの姿から保護者との対応まで、「困った……」「どうしよう？」の解決にお役立てください。

Q 経験が浅く、自分の保育に自信がありません。子どもの発達を促す関わりがしっかりできているのかな、と心配です。

A 何かが新たにできるようになることだけが「発達」ではありません。じっくり子どもの姿を観察してみましょう。子どもたちは安心して過ごしていますか、また何かに熱中する姿はありますか。もしそうであれば大丈夫です、大人には繰り返しに見える中でも、子どもたちは小さなチャレンジを繰り返して、その中で確実に育っていっているはずです。子どもたちにそういう姿がないなと感じたら、他の先生の保育や保育室の環境を見せてもらいましょう。いろいろなヒントが得られます。

Q 他の子に比べ、苦手な場面が多くみられる子がいます。障害という視点で何かしら支援が必要なのか、個性としてそのまま見守る対応でよいのか迷います。

A 苦手な場面でストップしてしまい、経験してほしいことに十分時間がとれないという状況が続いているのであれば、園で支援が必要な状態であるといえると思います。様子をしっかりと観察し、苦手なことは何が原因なのか、スムーズにできるようにするにはどうしたらよいのかを考え、いろいろ試すことは、障害という視点でとらえるべきかどうかにかかわらず必要な援助です。まずはそれをしっかり行うことから始めましょう。

Q 一斉に活動をする際に、早く取りかかりさっと終える子、なかなか取りかかれない子、時間がかかる子など、それぞれの子どものペースが違いすぎて困ります。

A 3歳くらいまでは特に、発達の個人差も大きいため、本当に一斉に行う必要がある活動なのかどうかという視点で保育を見直してみることも必要です。そのうえで、できる限り同じ場で同じことを、ということであれば、例えば、その子のタイミングに合わせて開始や終了の時間を調節するなど、活動の手順や内容にバリエーションをもたせましょう。それぞれの子どものペースに合ったものを選ぶといった形で対応してみてはどうでしょうか。

Q 着替えや食事など、私は子ども自身が取り組むようにできる限り待って見守りたいのですが、一緒に保育をしている他の保育者と方針が合いません。

A 見守ることについて、保育者同士で話をしたことはあるでしょうか。どんな思いのもとに援助をしているのか、まずは知ることに努めてみてください。余裕をもって次の活動に取り組めるようにしてあげたいなど、その人なりの思いがあるのかもしれません。そのうえで、あなた自身が考えていることも伝えてみましょう。どうするのがいいのか、何ができるのかはそのときそのときで違うはずです。まずはその都度、一緒にあれこれ考えられるような関係になることを目指しましょう。

Q なかなか保護者と打ち解けられず信頼関係がつくれません。経験が浅く、頼りないと思われているのではないかと気になります。

A 保護者は経験だけで保育者を信頼するわけではありません。日々自分たちを温かく見守り、思い切り関わってくれる先生を子どもは信頼し、保護者はそういう子どもたちとの関係を感じて、保育者に安心感や信頼感をもちます。まずは子どもたちとの関係が第一です。保護者に対しては、保育者なのだからリードしなければ、と力まず、笑顔で自分から挨拶をするなど、誠実にコミュニケーションをとる努力を続けていればきっと伝わりますよ。

Q 初めてのことを極度に嫌がるなど、少し気がかりな様子がある子がいます。保護者に伝えたのですが、あまり心配していないようです。

A 園と家庭とでは、環境も生活の仕方も人との関わり方も異なります。園での心配な姿が保護者には想像できないということは十分にあり得ます。もしくは、心配な姿があることは理解しているものの、まだ保護者自身に気持ちの余裕がなかったり、受け止めきれずにいるという場合もあるでしょう。焦らず、園での子どもの援助を工夫しつつ、日々の子どもの姿を具体的に伝え、まずは子どものことについて話せる関係づくりに努めましょう。

Q 他の子と発達の様子を比べ、いろいろと心配して不安になっている保護者がいます。気にするあまり子どもとの関係に無理が生じているように感じ、心配です。

A まずは、その子のよいところ、成長した点をしっかりと伝えましょう。保護者は「遅れているのかも」「心配」という漠然とした不安にとらわれているのかもしれません。保育者からみても、その子の様子に心配な点があるようであれば、それを保護者と具体的に共有し、園や家庭でできること、その他に必要な援助を一緒に考えていきましょう。保護者の不安はしっかりと受け止めつつ、子どもについては具体的に話をするのがポイントです。

おたよりについて

毎月のおたより、決められた内容を決まった形式で作成していませんか。保護者が読むのを楽しみにしてくれるような内容を工夫しましょう。

おたよりの意味

おたよりは、園から家庭へのメッセージを伝えるための、大切なツールです。単なる連絡事項の伝達に終わってしまっては、もったいないです。園では子どもたちの成長をこんなふうに喜んでいます、こんなことを目指して保育をしていますよ、というメッセージも伝えていきたいものです。楽しみに読んでくれる保護者の姿を思い浮かべながら作成すれば、作るほうもきっと楽しめるようになっていきます。そして、おたよりをきっかけに、家庭とのコミュニケーションがさらに深まっていくといいですね。

[おたより作成の基本]

♡ 伝えたいことをしぼって

多くの内容を詰めこむと、伝えたいことが届きにくくなります。今号は内容が盛りだくさんになりそうと思ったら、もう一号発行するほうが効果的です。

♡ 子どもの姿を具体的に

「子どもたちは元気に園生活を楽しんでいます」などの抽象的な表現はNG。Aくんがこんな発言をした、Bちゃんがこんなあそびを発見したなど、子どもの姿が具体的にイメージできるような文章を工夫します。

♡ 短い言葉で、簡潔に

長すぎる文章は、読みにくいだけでなく、読もうとする気持ちも失わせてしまいます。書いた文章は必ず声に出して読み、一文が長すぎないか、リズムよく読めるかどうかを確認しましょう。

♡ 家庭への「お願い」は理由を添えて

「毎年のことだから」と、ただお願い事を羅列するような書き方をしていませんか。園にとっては当たり前でも、保護者にとっては「？」と思うようなお願い事が意外と多いものです。

読みたくなるおたより 工夫のポイント

💬 目を引く見出しを

「発表会があります」よりも、「いよいよ本番！」などと見出しをつけたほうが、「なんだろう、何があるんだろう」と読み手に興味をもってもらえます。

💬 保護者の声を盛り込む

こんなお悩みを聞かせてもらいました、こんな要望を寄せてくれました、など、保護者からの声を盛りこんでみましょう。ただし、どの保護者の声なのか特定されそうな場合は、事前に許可をとって。

💬 子どもの成長やおもしろい発想などを

園での子どもの様子は、保護者が一番知りたいこと。ポジティブな部分を取り上げ、共有することで、保護者も安心してくれます。ただし、発達に関わる部分は、伝え方を慎重に。場合によっては不安をあおることにもつながります。

NG例 クラスのほとんどの子がおむつがはずれるようになりました！

💬 保育者の人柄が伝わるコーナーも

「最近、韓流ドラマにはまっています（高橋）」などで十分です。保護者とのコミュニケーションのきっかけになるかもしれません。

おたより作成 チェック項目

☐ **主語と述語は対応していますか？**

「誰が」「どうした」、あるいは、「何が」「どうした」が、一文の中できちんと対応していることを、確認しましょう。

☐ **「お願い」ばかりになっていませんか？**

「〜を持ってきてください」「ご家庭で○○に取り組んでみてください」「送迎時は□□に注意してください」など、気がついたらお願い事ばかりのおたよりになっていないか、確認しましょう。

☐ **文字が多すぎませんか？**

文字ばかりのおたよりは、そもそも読みたい気持ちにならないものです。イラストや写真、余白をうまく使いましょう。写真を使う場合は、特定の子どもが何度も登場しないように配慮します。

☐ **読み手を意識した紙面を工夫していますか？**

紙面構成は重要です。一番目立つ場所に配置する記事と、それ以外の記事とのメリハリをつけましょう。連絡事項やお願い事は、毎号同じ場所に配置すると、保護者の確認漏れが少なくなります。

おたより構成例

● B4サイズの用紙で

クラスだより

- 写真やイラスト
- 写真やイラスト
- 今月の子どもたちのあそびや生活について
- 次月のスケジュール
- 園から家庭へ
- 次月の保育のねらいや活動予定
- ご家庭から
- 保育者からの応答
- 子どものつぶやき
- 行事の由来
- 担任ひと言コーナー

● A4サイズの用紙で

クラスだより

- 今月の子どもたち
- 写真やイラスト
- 写真やイラスト
- 次月のスケジュール
- 園から家庭へ
- 次月の保育のねらいや活動予定
- ご家庭で子どもと一緒に楽しめるクッキングやあそびの紹介
- 担任ひと言コーナー

> 子どものつぶやきや、家庭からの悩みや声も盛り込んで、おたよりを双方向のコミュニケーションの場に。

> 文字を入れすぎず、必要な情報がぱっと見てわかる、読みたくなるレイアウトに。

そのまま使える おたより文例

それぞれの発達項目をテーマに、おたより文例を紹介します。乳児・幼児クラス用に分けているので、該当する年齢のクラスで使い分けてください。

乳児 0〜2歳

● 運動機能（粗大）
ダイナミックなあそびを楽しむ姿

身体機能が発達し、走ったり、線の上を歩いたり、鉄棒にぶら下がったりすることができるようになってきました。最近は、外で保育者と追いかけっこを楽しんでいます。お天気のよい日は外で思い切り体を動かせられるよう、これからも外あそびを増やしていきたいと思います。

● 運動機能（微細）
手先を使った玩具あそび

○○ぐみさんでは、ひも通しやパズルが大人気です。手指を使った動作がスムーズになってきたので、「自分でもできるかな」から「やってみたい」と、気持ちが変化してきたようです。さらに、好きな色だけひもに通したり、小さいピースのパズルにも挑戦したりする姿も見られるようになってきました。

● 認知・言語
喃語でのコミュニケーション

はいはいやつかまり立ちができるようになり、お友達に興味が向いてきたようです。喃語でお互いにコミュニケーションをとったり、手を伸ばして触ろうとしたりしています。安全に配慮して、子ども同士のやり取りを見守っていきたいと思います。

● 自我・社会性
友達との関わりが増えること

同じ玩具で遊んだり、クラスの活動を一緒に楽しんだりすることで、「お友達と過ごすことって楽しい！」と気づき始めた子ども達。そんな中、聞こえてくるのが「貸して！」「使っている！」といった物を介したトラブルの声です。一人ひとりの気持ちを受け止めつつ、けがのないように注意していきたいと思います。

● 食事
好き嫌いについて

苦手なものを食べないときは、「おかず電車出発！」と言ってスプーンを口元に運んだり、「（好きなキャラクターを見せて）食べるから見ていてね！」と言ったりして食事から気持ちをそらすのも一つの方法です。無理に食べさせるのではなく、「食べることって楽しい！」という気持ちを大事にしていきたいです。

● 排泄
おむつ替えの心地よさ

おむつ替えの前は、「おしっこが出て気持ち悪かったね。きれいにしようね」とおむつが汚れている不快な気持ちを、おむつ替えのあとは、「きれいになって気持ちよくなったね」と快い気持ちを言葉で伝えます。おむつ替えのコミュニケーションを通して、トイレで排泄するための基礎づくりをします。

● 睡眠
睡眠リズムについて

寝るのが遅かったり、夕方寝てしまったりすると睡眠のリズムが乱れ、午前中眠くなるなど、日中の活動を楽しめないことがあります。園ではご家庭と一緒に睡眠を中心とした生活リズムを整えていきたいと考えています。子どもとの関わりで難しいことや困り事がありましたら、お気軽にご相談ください。

● 着脱・清潔
歯磨き好きになれるように

歯磨きは嫌がらずにできていますか？子どもが歯磨きを好きになれるような環境を整えてみましょう。歯を磨くときに子どもが好きな歌を歌って楽しい雰囲気づくりをしたり、歯磨きに興味がもてるように、ぬいぐるみで歯磨きごっこをしたり、歯がテーマの絵本を読んだりするのもよいでしょう。

＼そのまま使える／ おたより文例

幼児 3〜6歳

🌸 運動機能（粗大）

お散歩を楽しむ姿

心地いい季節になり、お散歩へ行く機会が増えました。「ワンちゃんいるかなぁ」と、犬がいる家の庭を見たり、「公園で探検ごっこしよう！」と友達同士で約束したりして、散歩を楽しんでいます。休日、親子でお散歩コースを訪れてみてはいかがでしょうか。子ども達はお気に入りスポットを教えてくれることでしょう。

🌸 運動機能（微細）

園での製作風景

○○ぐみさんでは、お店屋さんごっこが流行っています。絵を描いた線の上をハサミで切ったり、テープで貼ったりして、積極的に細かい作業にも取りかかっています。難しいところは「どうしたらいいんだろう……」と悩みながら、あれこれ考えて工夫したり、お友達同士で話し合ったりして、雰囲気が盛り上がっています。

🌸 認知・言語

友達との優しいやりとりの姿

先日、追いかけっこをしているときに、○○ぐみさんの一人が転んでしまいました。すると、「先生呼んでくるね」「大丈夫？」と優しく声をかける子ども達の姿が見られ、成長を感じて嬉しく感じました。これからもお友達の気持ちに寄り添える○○ぐみさんの優しい心を大切にしていきたいです。

🌸 自我・社会性

けんかと仲直りについて

お友達と病院ごっこやお店屋さんごっこをして盛り上がっている○○ぐみさんですが、友達同士のトラブルを見かけることがあります。「ごめんね」「いいよ」の形式的なやりとりよりも、トラブルを通して友達の気持ちに気づいたり、自分の行動を振り返ったりする態度を育んだりするなど、心の成長に関わっていきたいと思っています。

🌸 食事

咀しゃくについて

食事中、噛まずにすぐ飲みこんだり、吸いながら食べたりする姿が時々見られます。「カミカミしようね」「20回噛んでゴックンできるかな」と声をかけると、「見ていてね」と意識して噛むようになっています。歯並びや発音にも関係してくるので、見過ごされがちな「噛む」ことの大切さを子ども達に伝えていきたいと思っています。

🌸 排泄

和式トイレについて

小学校や公共のトイレは「和式トイレ」のところがあります。お出かけ先で和式トイレを見つけたら、絶好のチャンス到来！「一緒に練習してみようか」と誘い、使い方を知る機会にするとよいと思います。和式トイレに挑戦できたときは褒めて、自信につなげていけるといいですね。

🌸 睡眠

よい眠りについて

夜間ぐっすり眠ることで、日中は思い切り活動することができます。寝る前はテレビや興奮するあそびを避け、布団の中で絵本を読んだり、日中の出来事を話したりすると、入眠前のホッとひと息つける親子のコミュニケーションタイムになります。入眠前の一連の流れを習慣化することで、自然と寝る態勢にもっていくことができます。

🌸 着脱・清潔

爪の手入れ・手洗い・衣服の調節について

石鹸で手洗いすることにより、病気から身を守ることができます。園では食事の前や外から帰ってきたあと、保育者が子ども達と一緒に手洗いをして、「きれいになったね」と清潔になった気持ちよさを話しています。手洗いを習慣にして、風邪をひかない健康な体づくりをしましょう。

おまけイラストの使い方

専門的な内容を楽しくわかりやすい印象に

子どもの発達についての情報は、おたよりで伝えすることも多くあります。保護者からの関心が高く、保育者も共有したい内容である一方、専門的な内容で堅苦しい印象になりがちなので、読むことを敬遠されることも……。そこで、本書のおまけページとして、おたよりに使える発達項目別のイラストを掲載しています。おたよりの内容に合ったイラストをコピーして切り貼りし、楽しくわかりやすいおたより作りに役立ててください。

使い方例 1
[そのまま使えるおたより文例「手先を使った玩具あそび」→P.173] と [おまけイラスト「運動機能（微細）」→P.178] を組み合わせて

○○ぐみさんでは、ひも通しやパズルが大人気です。手指を使った動作がスムーズになってきたので、「自分でもできるかな」から「やってみたい」と、気持ちが変化してきたようです。
さらに、好きな色だけひもに通したり、小さいピースのパズルにも挑戦したりする姿も見られるようになってきました。

使い方例 2
[そのまま使えるおたより文例「けんかと仲直りについて」→P.174] と [おまけイラスト「自我・社会性」→P.183] を組み合わせて

お友達と病院ごっこやお店屋さんごっこをして盛り上がっている○○ぐみさんですが、友達同士のトラブルを見かけることがあります。「ごめんね」「いいよ」の形式的なやりとりよりも、トラブルを通して友達の気持ちに気づいたり、自分の行動を振り返ったりする態度を育んだりするなど、心の成長に関わっていきたいと思っています。

その他の使い方アイデア

タイトルのまわりに
季節のモチーフを置きがちですが、本書のおまけにある、表情豊かな子どもの姿を載せれば、生き生きとしたオリジナルのクラスだよりが作成できます。

クラスだより

空いているスペースに
ちょっとだけ空いたスペースや、文字だけでは読みづらいな、と思ったレイアウトのとき、イラストを入れると効果的です。

ワンポイントに
目立たせたい箇所にイラストを大きめに入れると、目に留まって文章へ誘導できます。

おまけイラスト 運動機能（粗大）

玩具に手を伸ばす

飛行機ポーズ

寝返り

はいはい

つかまり立ち

一人立ち

マテマテあそび

またぐ

股のぞき

ボール投げ

リズムあそび

室内すべり台

転がりあそび

ボールあそび

箱押し

坂道かけっこ

足跡のせあそび 	三輪車あそび 	走る 	ボールあそび 
鉄棒 	縄跳び 	平均台 	ジャングルジム 
ぶら下がり 	箱を持つ  すべり台 	サッカー 	ケンケンパ 
手押し車 	鬼ごっこ 	竹馬 	自転車 

おまけイラスト 運動機能（微細）

チェーンリングの出し入れ

積み木あそび

積み木あそび

壁面ボードあそび

積み木並べ

ひも通し

引っ張り出しあそび

シール貼り

ねじ回しあそび

穴通し

型はめ

粘土

粘土

砂あそび

お絵描き

洗濯バサミあそび

ハサミで製作

粘土

泥団子作り

折り紙

折り紙

お絵描き

指編み

雑巾絞り

大きな製作

地図製作

絵の具でお絵描き

ひも通し

壁面ボード

チェーンリング・積み木・ミルク缶玩具

トングとフェルトボール
（移し替えあそび用玩具）

積み木
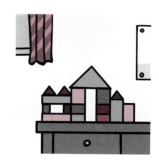

おまけイラスト 認知・言語

社会的微笑

いないいないばあ

人見知り

指さし

笑顔でコミュニケーション

喃語

指さし・一語文

真似っこいないいないばあ

布を使っていないいないばあ

鏡あそび

目の前にないものを予想する（どっちの手に入っているかな？あそび）

指さし・共感

自然物に触れる

動きの予測

「なんで？」の時期

絵本

「なぜだろう？」を考える 	逆さ言葉あそび 	「かして」「どうぞ」のやりとり 	時間の認識 
ごっこあそび 	しりとり 	色や形の分類 	文字書き 
大きさを比べる 	数の認識 	絵本 	絵本 
言葉での伝え合い 	発表 	カルタあそび 	カードゲーム 

おまけイラスト 自我・社会性

友達への関心

仕草の模倣

友達との触れ合い

駄々こね

触れ合いあそび（わらべうた）

触れ合いあそび（こちょこちょ）

「ちょうだい」「どうぞ」のやりとり

玩具の取り合い

ままごとあそび

乗り物見立てあそび

食べ物見立てあそび

友達と一緒につながりあそび

「同じ」に気づく

並行あそび

ごっこあそび

お世話あそび

友達の気持ちを考える

当番活動を行う

交通ルールを守る

仲よしの友達

仲直り

インタビューごっこ

お手伝い

物を譲る

ままごとあそび

劇あそび

手あそび

お店屋さんごっこ

社会生活との関わり
（消防士さんと）

挨拶

異年齢交流

ランドセル姿

おまけイラスト 食事

授乳	離乳食	手づかみ食べ	手づかみ食べ

スプーンを使っての食事	スプーンを使っての食事	お茶を飲む	お皿に手を添えて食事

苦手な食べ物も励まされながら食べる	安定した姿勢で食事	いただきますの挨拶	苦手な食べ物も食べる

お皿	スプーン	フォローアップミルク	哺乳びん

お箸を使っての食事

楽しい雰囲気の中での食事

食器の位置

友達と楽しい雰囲気の中での食事

食事と学力との関係

3つの栄養素

食事量の調整

時間を意識しながらの食事

お箸のNGマナー

クッキング

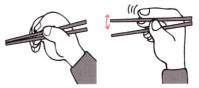

お箸の持ち方

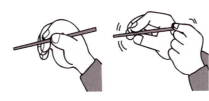

おまけイラスト 排泄

おむつ交換

おむつ交換

おむつかぶれのチェック

排泄・排便チェック

排泄の自己申告

排泄の自己申告

おまるでの排泄成功

布パンツ

布パンツ失敗着替え

便器に座る前

排泄後の手洗い

排尿のサイン

布おむつと紙おむつ
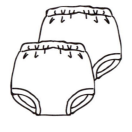

布パンツ

トイレトレーニングに
チャレンジ中

トイレトレーニングお休み中

便器での排泄の成功

排尿のサイン

便器での排泄

排泄後

排泄の自己申告

トイレに行くことを知らせる

トイレに行くことを知らせる

予測してトイレへ行く

和式便器での排泄

スリッパを並べる

ノックをする

流す

和式便器の使い方の順序

和式便器の足の置き場

おまけイラスト 睡眠

見守りの中での睡眠

見守りの中での睡眠

見守りの中での睡眠

遊んでいる最中の眠気

自分で布団へ向かう

眠れない子ども

寝ている子と起きている子ども

コットでお昼寝

カワイイ！使える！フレーム

睡眠姿　　　睡眠姿　　　布団を敷く　　　眠気を自覚

活動中と睡眠中　　　早起き　　　睡眠と健康　　　就寝前は
テレビや照明などの光を避ける

おまけイラスト 着脱・清潔

沐浴

沐浴

睡眠中はたくさん汗をかく

スタイの交換

着脱の協力

着脱の補助

着脱を見守る

自分で着脱

服をたたむ

自分で着脱

はなをかむ

顔を拭く

掃除道具

靴

夏服

冬服

着脱

着脱

季節に合わせて服を選ぶ

服を選ぶ

片づけ

片づけ

ハンカチ、ティッシュを
ポケットに

服を選ぶ

うがい

歯磨き

手洗い

手洗い

Tシャツのたたみ方

ズボンのたたみ方

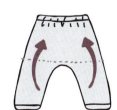

監修・執筆

磯村陸子（千葉経済大学短期大学部 こども学科 教授）

保育者養成に携わりながら、保育カウンセラーとして保護者・保育者への教育相談を行っている。臨床発達心理士。著書に『保育士採用試験 短期集中マスター』（ナツメ社）、『フィールド心理学の実践』（新曜社）、『保育の心理学Ⅱ』（大学図書出版）がある。
※すべて分担執筆

執筆

波多野名奈（千葉経済大学短期大学部 こども学科 准教授）
古林ゆり（精華女子短期大学 幼児保育科 講師）
山田千愛（植草学園大学 発達教育学部 発達支援教育学科助手）

写真協力園

浦安市立日の出幼稚園
浦安市立みなみ認定こども園
おもと保育園
城陽市立久世保育園
小規模保育ひまわりえん
千葉市立弁天保育所

Staff

本文デザイン　Plan Sucre／佐藤絵理子
イラスト　　　池田蔵人
校正　　　　　聚珍社／みね工房
編集制作　　　株式会社童夢

参考文献

・『発達がわかれば 子どもが見える』
　（監修：田中真介　編著：乳幼児保育研究会／ぎょうせい）
・『子どもの発達と診断3　幼児期Ⅰ』『子どもの発達と診断4　幼児期Ⅱ』
　『子どもの発達と診断5　幼児期Ⅲ』
　（著者：田中昌人・田中杉恵　写真：有田知行／大月書店）
・『保育者が基礎から学ぶ乳児の発達』（編著：丸山美和子／かもがわ出版）
・『この子にあった保育指導2　乳児の生活リズムと自立』
　（編：「現代と保育」編集部／ひとなる書房）

0〜6歳 よくわかる子どもの発達と保育の本
おたより・連絡帳文例126付き

監修者　磯村陸子
発行者　池田士文
印刷所　日経印刷株式会社
製本所　日経印刷株式会社
発行所　株式会社池田書店
　　　　〒162-0851　東京都新宿区弁天町43番地
　　　　電話　03-3267-6821(代)／振替　00120-9-60072

落丁・乱丁はおとりかえいたします。
©K.K.Ikeda Shoten 2019, Printed in Japan
ISBN978-4-262-15443-5

本書のコピー、スキャン、デジタル化等の無断複製は著作権法上での例外を除き禁じられています。本書を代行業者等の第三者に依頼してスキャンやデジタル化することは、たとえ個人や家庭内での利用でも著作権法違反です。